Rudolf Möckel

ZUHÖREN UND VERSTEHEN

Rudolf Möckel

ZUHÖREN UND VERSTEHEN

Menschen zu Jesus begleiten

Rudolf Möckel
Zuhören und verstehen
Menschen zu Jesus begleiten

Best.-Nr. 271886
ISBN 978-3-86353-886-6
Christliche Verlagsgesellschaft Dillenburg

2. Auflage

www.cv-dillenburg.de

Satz und Umschlaggestaltung:
Christliche Verlagsgesellschaft Dillenburg
Umschlagmotiv: © Unsplash.com/frank mckenna

Druck: CPI Books GmbH, Leck
Printed in Germany

Wenn Sie Rechtschreib- oder Zeichensetzungsfehler
entdeckt haben, können Sie uns gerne kontaktieren:
info@cv-dillenburg.de

Inhalt

Einführung

„Missionarische Seelsorge“ ist in besonderer Weise *mein Thema*. Zum einen, weil ich als Seelsorger schon rein beruflich viele Jahre Menschen begleitet habe, die sich in einer Krisensituation befanden und Hilfe bei mir suchten. Ein ziemlich großer Teil meines Arbeitstages war von Begegnungen mit Menschen ausgefüllt, die meinen Rat suchten und die ich zunächst einmal mit ihrer ganz besonderen persönlichen Situation und Not verstehen musste.

Zum anderen ist das Thema „Missionarische Seelsorge“ auch deshalb mein Thema, weil ich mich viele Jahre in einem Umfeld bewegt habe, in dem die Bibel und die einfachsten Grundwahrheiten über den Gott der Bibel schlichtweg unbekannt oder, was vielleicht noch problematischer ist, nur in sehr entstellter Form bekannt waren. Es blieb mir also gar nichts anderes übrig, als zunächst einmal herauszufinden, wer die Person war, die mir in meinem Büro gegenüber saß und sich in irgendeiner Weise Hilfe von mir erhoffte. Ich hatte schlicht keinen anderen Ansatzpunkt.

Schließlich gibt es noch einen dritten Grund, warum das Thema „Missionarische Seelsorge“ mein Thema ist: Ich habe in den letzten Jahren immer wieder festgestellt, dass die Nachricht von Jesus, dem Retter, vor allem dann eine Chance hat, gehört zu werden, wenn sie präzise in die persönliche Lebenssituation eines Menschen hinein gesprochen wird. „Missionarische Seelsorge" ist also mein Thema. Ob es auch Ihr Thema ist, müssen Sie herausfinden.

Um Missverständnissen vorzubeugen, möchte ich betonen, dass die seelsorgerisch-missionarische Arbeit, die ich rund 22 Jahre getan habe, gewiss nicht die einzig mögliche Art und Weise ist, Seelsorge und/oder Evangelisation zu betreiben. Es gibt eine Vielzahl von Christen, die unter dem Segen Gottes arbeiten und die Botschaft von Jesus, dem Retter, weitergeben, ohne im Einzelnen auf die persönliche Not ihrer Zuhörer einzugehen. Durch ihr Zeugnis kommen Menschen zum Glauben und werden für die Ewigkeit gewonnen. Das ist wunderbar und gut! Ich erhebe also gewiss nicht den Anspruch, das einzig wahre Konzept gefunden zu haben, wie man Menschen zu Jesus bringt. Alles, was ich dem Leser in diesem Buch vorstelle, sind Erkenntnisse, die ich im Laufe von mehr als 20 Jahren Seelsorgetätigkeit gewonnen habe, weil ich mich einer Herausforderung stellen musste, die mich dazu zwang, neue Wege zu finden und dann auch zu gehen.

Damit Sie ein wenig verstehen, was ich konkret damit meine, möchte ich Ihnen zunächst meinen Arbeitsplatz und meinen ganz normalen Arbeitsalltag beschreiben. Er ist aus vielerlei Facetten zusammengesetzt, aber es gibt auch einen roten Faden, der sich durch alles hindurchzieht.

Als Pastor war ich mit der Wahrnehmung von Seelsorge, Unterricht und Gottesdiensten in einer diakonischen Einrichtung in Norddeutschland beauftragt. Zu dieser diakonischen Einrichtung gehörten mehrere Krankenhäuser sowie Wohnheime und Wohngruppen für Menschen, die irgendeine Art von Behinderung hatten und oft auf den Rollstuhl angewiesen waren. Des Weiteren gab es mehrere Schulen, zum Beispiel eine Förderschule. Hier wurden Schüler unterrichtet, die irgendeine Art körperlicher oder auch psychischer Behinderung[1] hatten. In dieser Schule unterrichtete ich das Fach Religion.

Schließlich gab es auch einen ausgedehnten Gebäudekomplex, in dem ein Berufsbildungswerk untergebracht war. Hier bekamen junge Leute zwischen 17 und 24 Jahren eine Berufsausbildung, zum Beispiel im Metall- oder Elektrobereich, als Bürokaufleute, Produktdesigner, Köche oder Hauswirtschafterinnen. Die Ausbildung sollte es ihnen ermöglichen, später eine Stelle auf dem Arbeitsmarkt zu finden und so ein eigenständiges Leben aufzubauen. Etliche meiner Gesprächspartner in der Seelsorge waren junge Auszubildende aus dem Berufsbildungswerk.

Auf Gott angesprochen, gaben mir viele von ihnen zu verstehen, „Gott gebe es nicht und überhaupt sei Religion unwissenschaftlich“. Sie trugen die feste Überzeugung in sich, dass „Religion mit dem echten

---

1 Dazu gehören u. a. Autismus, ADHS und Lernbehinderungen.

Leben nichts zu tun habe" und darum irrelevant sei. „Religion" – so ihre Sicht – „habe sich längst selbst erledigt." Ihr Lebensentwurf war ein Lebensentwurf ohne Gott.

Es hat eine Weile gedauert, bis ich diesen Lebensentwurf in seiner ganzen Tragweite begriffen hatte. Dann jedoch half mir das, Zugang zu der intellektuellen und emotionalen Welt zu finden, in der meine Gesprächspartner sich in aller Regel bewegten. Eine detaillierte Analyse dieses „Lebensentwurfs ohne Gott" findet sich am Ende dieses Buches (Kapitel 7: Ohne Gott. Ein Lebensentwurf mit Risiken. Eine Analyse).

Die Frage, die mich von Anfang an in meiner Arbeit als Seelsorger am meisten bewegte, lautete: Was kann ich tun, um glaubensferne junge Menschen auf Jesus aufmerksam zu machen und sie auf dem Weg zu ihm zu begleiten? Was kann ich tun, um Zugang zu ihren Herzen zu finden und ihnen die rettende Nachricht von Jesus, dem Messias, nahezubringen?

Meine Antwort präsentiere ich in diesem Buch.[2] Es ist vor allem für Christen gedacht, die in ihrem Lebensumfeld mit Menschen zu tun haben, die dem Glauben an Jesus fernstehen und gleichzeitig bei ihnen Rat und seelsorgerische Hilfe suchen. Sofort stellt sich ja dann die Frage: Wie geht das? Wie

2 Grundlage dieses Buches sind Vorträge, die im Rahmen einer Konferenz des Bibelbundes im Christlichen Gästezentrum Westerwald (CGW) gehalten wurden.

kann ich als Christ Menschen, die dem Glauben fernstehen, seelsorgerisch begleiten? Beschränkt sich die Seelsorge auf bloße Beratung oder ist doch noch mehr möglich? Lassen sich Seelsorge an Atheisten und Agnostikern einerseits und das missionarische Anliegen andererseits im seelsorgerischen Gespräch miteinander verbinden? Und falls ja, wie sieht das praktisch aus?

Viele haben an dieser Stelle grundsätzliche Bedenken. Sie zögern, sich dem Arbeitsfeld der Seelsorge zu nähern, obwohl sie es eigentlich ganz gerne tun würden. Sie befürchten, Seelsorge sei nur etwas für Spezialisten, die ein Studium der Psychologie abgeschlossen oder wenigstens ein Zertifikat in einem Seelsorgekurs erworben haben.

Daraus ergibt sich eine Verarmung. Die Seelsorge war schon zur Zeit der Urchristen einer von mehreren Diensten in der Gemeinde (Röm 12,8). Dieser Dienst wurde von ganz normalen Gemeindemitgliedern ausgeübt, die für Seelsorge begabt waren, also die Geistesgabe des „Ermahnens und Tröstens" hatten. Psychologen, wie sie heute gang und gäbe sind, gab es damals nicht. Seelsorge fand aber trotzdem statt. Warum sollte das heute anders sein?

Darüber hinaus kann Seelsorge auch außerhalb der Gemeinde gerade für glaubensferne Menschen ein starkes Zeugnis für Jesus, den Retter, sein. Sie kann Menschen nicht nur Hilfe in persönlichen Nöten bringen, sondern ihnen auch den Blick für den Gott der Bibel öffnen, der sie längst sucht und liebt.

Natürlich hat der Dienst der Seelsorge Grenzen. Wenn es um schwerwiegende psychische Erkrankungen geht (wie z. B. Borderline-Störungen oder Psycho-Traumata), sind in der Tat Spezialisten gefragt, die damit in guter Weise umgehen können. Aber Seelsorge an glaubensfernen Menschen trifft gar nicht fortlaufend auf schwerwiegende psychische Erkrankungen. Sie stellt sich vielmehr den zahlreichen alltäglichen Nöten, mit denen die Menschen im Laufe ihres Lebens zu tun bekommen.

Im Kern besteht das Konzept der missionarischen Seelsorge aus fünf Schritten bzw. Aspekten:

1. Zuhören
2. Begleiten
3. Verstehen
4. Strukturieren
5. Jesus bekennen

Jeder dieser fünf Schritte baut auf dem vorhergehenden auf. Startpunkt und unabdingbare Grundlage aller fünf Schritte ist aber das Zuhören. Darum möchte ich meine Ausführungen mit einem Kapitel über das Zuhören beginnen.

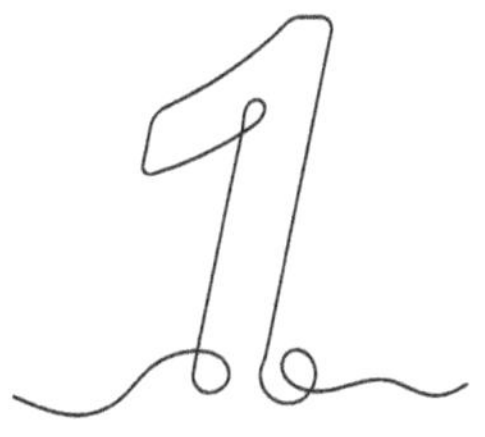

Zuhören

Es ist bezeichnend, wie viel Wert die Bibel auf das Hören legt. Und zwar nicht nur auf das Hören des Wortes Gottes, sondern auch auf das gegenseitige Zuhören unter Menschen.
Jesus hat gesagt:

> *„Wer Ohren hat und hören kann, der höre zu!“* (Mk 4,9.23)

> *„Die Menschen schließlich, die dem guten Boden gleichen, hören die Botschaft und nehmen sie mit aufrichtigem Herzen bereitwillig auf.“* (Lk 8,15)

> *„Ja, … doch wirklich glücklich sind die Menschen, die das Wort Gottes hören und befolgen.“* (Lk 11,28)

Jakobus schreibt:

> *„Denkt daran, meine lieben Brüder: Jeder Mensch sei schnell zum Hören bereit – zum Reden und zum Zorn, da lasse er sich Zeit."* (Jak 1,19)

Das Buch der Sprüche stellt fest:

> *„Das Ohr, das hört, das Auge, das sieht, Jahwe hat beide gemacht." (Spr 20,12)*

Was bedeutet es, einem Menschen in guter Weise zuzuhören? Was kennzeichnet gutes und weniger gutes Zuhören? Welche Hindernisse können gutes Zuhören beeinträchtigen? Und welche inneren Fehlhaltungen blockieren es? Als Antwort auf diese Fragen möchte ich Sie in mein Arbeitszimmer mitnehmen und Sie in ein typisches Seelsorgegespräch hineinnehmen.

Dabei ist eines vorweg sehr wichtig: Das, was ich Ihnen in diesem Buch an Gesprächsdetails aus Seelsorgegesprächen schildere, geht nicht auf Gespräche zurück, die real so stattgefunden haben. Ich stehe als Seelsorger unter dem Seelsorgegeheimnis. Das heißt, ich kann und will Details aus Gesprächen, die ich geführt habe, nicht preisgeben, auch nicht in anonymisierter Form. Details aus Gesprächen, die ich Ihnen in diesem Buch schildere, sind also allesamt fiktiv. Sie wurden so nie gesagt. Trotzdem sind sie nahe an der Wirklichkeit.

Sie sind realistische Illustrationen für Erfahrungen und Erkenntnisse, die ich im Laufe der Jahre in unzähligen Gesprächen mit jungen, nicht mehr ganz so jungen und alten Menschen gewonnen habe.

Sprechen wir also über das Zuhören.

Ein Ratsuchender sitzt in meinem Zimmer. Er hat mich um ein Gespräch gebeten. Nun ergibt sich sofort eine Schwierigkeit: Mein Arbeitstag ist gut gefüllt. Ich weiß, dass ich in 90 Minuten einen weiteren Termin habe. Meine Zeit ist also begrenzt. Ich muss die Zeit im Auge behalten. Eines aber geht gar nicht: Dass ich zwischendurch mit einer raschen Bewegung auf meine Armbanduhr schaue. Ratsuchende bemerken den raschen Blick auf die Armbanduhr sofort. Die Wirkung: Sie verschließen sich. „Müssen Sie bald weg?", fragen sie vielleicht. Vielleicht sagen sie auch nichts, haben aber den Eindruck, dass ich irgendwie in Eile bin. Schlechte Voraussetzungen für ein seelsorgerisches Gespräch.

Meine Lösung für dieses Problem: Ich habe an zwei Stellen in meinem Zimmer zwei kleine Tischuhren platziert, von denen ich immer eine sehen kann. So kann ich die Zeit im Auge behalten, ohne auf die Armbanduhr zu schauen.

„Wie kann ich Ihnen helfen?", frage ich. Oder: „Was kann ich heute für Sie tun?" Oder: „Worüber sollen wir heute sprechen?" Oder: „Irgendetwas quält Sie. Was ist es? Können Sie darüber reden?" So oder so ähnlich eröffne ich das Gespräch. Und dann beginnt das Zuhören.

Mein Gegenüber beginnt zu sprechen. Es ist für mich, als beträte ich unbekanntes Land, einen weißen Fleck auf der Landkarte. Ein Mensch öffnet mir sein Leben, und ich muss lernen, mich in diesem Leben zurechtzufinden. Das braucht auf alle Fälle eines: Zeit – viel Zeit.

Wie ist das, wenn ein Ratsuchender mir vorsichtig Stück für Stück sein Leben und seine Not offenbart? Es ist wie das Zusammensetzen eines großen Mosaiks oder eines Puzzles mit 1000 Teilen. Hinzu kommt, dass die Informationen, die ich höre, in aller Regel ungeordnet präsentiert werden. Der Ratsuchende nähert sich oft in langen Schleifen oder auf Umwegen seinem eigentlichen Thema. Er lässt vielleicht auch Rückblicke auf weiter in der Vergangenheit liegende Phasen seines Lebens einfließen. Er schweift möglicherweise auch unabsichtlich ab und verliert sich in weniger wichtigen Details. Er gibt mir Mosaiksteinchen seines Lebens. Und ich stehe vor der Aufgabe, die zugrunde liegende Ordnung (das System) unter all den Mosaiksteinchen zu erkennen und herauszufinden, was wohin gehört. Aber das ist alles andere als einfach! Es prasseln viele kleine Informationen auf mich ein, die ich unmöglich alle sofort richtig einordnen kann, denn ich habe ja noch keinen Überblick über das große Ganze. Eine schwierige Situation!

Manchmal berichtet mein Gegenüber von Dingen, die schrecklich falsch gelaufen sind. Dann bin ich versucht, sofort einzugreifen und auf diesen oder jenen haarsträubenden Fehler hinzuweisen. Das kann ich natürlich tun, aber damit unterbreche ich mein Gegenüber in dem, was er oder sie mir eigentlich sagen will. Ich fixiere ihn oder sie auf Dinge, die ihm momentan gar nicht so wichtig sind, auch wenn sie vielleicht wirklich haarsträubend falsch waren. Also disziplinere ich mich und höre zu. Ich behalte aber die betreffenden Dinge im Hinterkopf, um sie in einem späteren Gespräch ansprechen zu können.

Oft ist es auch so, dass der Ratsuchende umständlich erzählt. Das lässt mich nach einer Weile ungeduldig werden. Aber ich hüte mich, meine Ungeduld zu zeigen. Das würde mein Gegenüber sofort verunsichern und verschließen. Also höre ich weiter zu und mache mir klar, wie verletzt ich selbst wäre, wenn ein Seelsorger mir mit Ungeduld begegnen würde.

Zuweilen höre ich auch Dinge, die mir nur mäßig interessant erscheinen oder mich schlicht langweilen. Dann höre ich bewusst noch genauer zu und mache mir klar, dass ich überhaupt nicht wissen kann, welche Details im Laufe des Gesprächs noch wichtig werden können.

Ich gebe dem anderen Raum in meiner Seele und höre und höre und höre. Manchmal frage ich nach, wenn ich etwas nicht verstehe. Aber in aller Regel kommentiere ich an dieser Stelle noch nicht. Ich versuche, mich im Leben des anderen zurechtzufinden und damit vertraut zu werden. Und das geht nur, wenn ich höre und höre und höre. Und so diene ich meinem Gegenüber.

Lassen Sie mich dafür ein Bild gebrauchen: Das Leben eines Ratsuchenden ist für mich wie ein großer, unbekannter Garten. In diesem Garten gibt es Wege, Bäume und Sträucher. Es gibt gepflegte Beete, aber auch verfilztes Unterholz und von Unkraut überwucherte Stellen. Es gibt einen Weiher, einen Platz für Gartenmöbel, einen Geräteschuppen, weite Wiesen, eine Wasserpumpe und ein Gewächshaus.

Stück für Stück lerne ich nun diesen großen Garten kennen. Mit der Zeit finde ich heraus, wo welche Bäume stehen, welche Sträucher sich in welchem Abschnitt des Gartens befinden, wo Pumpe, Gewächshaus und Geräteschuppen platziert sind, wo das Unterholz sich ausbreitet, wo die Rosenbeete sind und welche Gartenwege wohin führen. Auch den Weiher entdecke ich irgendwann. Ich kann nicht den ganzen Garten sofort überblicken. Ich muss mich von meinem Gegenüber an die Hand nehmen und durch den Garten führen lassen. So lerne ich alles Stück für Stück kennen und werde allmählich mit dem Garten vertraut. Aber das geht nur, wenn ich meinem Gegenüber die Zeit gebe, mir in Ruhe alles zu zeigen. Greife ich zu früh lenkend in das Gespräch ein, werde ich die volle Größe und vielleicht sehr wichtige Teile des Gartens möglicherweise nie kennenlernen. Und weil das so ist, ermuntere ich mein Gegenüber zu sprechen. Und ich höre zu. Ich leiste den Dienst des Zuhörens.

Aus Erfahrung weiß ich, dass es nur wenige Menschen gibt, die bereit sind, länger zuzuhören. Die allermeisten Menschen sind eher daran interessiert, selbst zu reden, als einem anderen zuzuhören. Aus Erfahrung weiß ich aber auch, wie schön es ist, wenn mir jemand gespannt und konzentriert über längere Zeit hinweg zuhört und mich nicht unterbricht. Ich fühle mich dann angenommen und irgendwie wertvoll. Konzentriertes Zuhören öffnet also die Herzen. Und das ist für jedes seelsorgerische Gespräch absolut grundlegend.

Zuhören ist also ein Dienst, und zwar ein sehr wertvoller! Man kann diesen Dienst nur dann tun, wenn man bereit ist, sich selbst zurückzunehmen und dem Gegenüber viel Zeit und Raum zu geben. Und zwar auch dann, wenn man mit manchem, was der Ratsuchende offenbart, vielleicht durchaus nicht einverstanden ist.

Viele Ratsuchende sind zunächst sehr vorsichtig. Sie wissen nicht, wie viel sie mir zumuten und was sie von mir erwarten können. Sie fragen vielleicht nach: „Rede ich zu viel?“ Oder: „Langweile ich Sie?“ Dann antworte ich: „Bitte sprechen Sie weiter. Sie haben mein ganzes Ohr! Sie dürfen sich auch gern wiederholen. Ich weiß, dass es Dinge im Leben gibt, die sind so groß, dass man sie vielleicht 96-mal erzählen muss, weil man sie anders nicht verarbeiten kann.“

Und so höre ich lange zu. Allmählich wird mein Gegenüber sicherer. Die Worte fangen an und sprudeln aus seinem Mund. Und schon dieses Erzählendürfen und Gehörtwerden hat eine erste heilende Wirkung. Das, was vielleicht lange in Dunkelheit verschlossen und verborgen war, darf nun hinaus ans Licht.

Ein junger Auszubildender bittet mich um ein Gespräch. Er beklagt sich darüber, dass die Ausbildung ihn überfordere: Die Ausbilder seien fordernd, hart und unfreundlich. Die Mitauszubildenden würden sich nicht um ihn kümmern und seien nur mit den eigenen Problemen beschäftigt. Er fühle sich alleingelassen und überbelastet und spiele mit dem Gedanken, die gesamte Ausbildung hinzuwerfen. Im Laufe der Gespräche stimmt er diese Klage immer wieder an.

Während ich dem jungen Mann zuhöre, wird für mich sehr bald spürbar, dass mit seiner Darstellung der Probleme etwas nicht ganz stimmen kann: Es ist ziemlich unwahrscheinlich, dass er ausschließlich von unfreundlichen, harten und gleichgültigen Menschen umgeben ist. Aber was ist dann der Grund für seine Klagen? Wie kommt es, dass er seine Umwelt derart feindselig erlebt? Ich weiß es nicht und möchte auf keinen Fall spekulieren. Also ermutige ich ihn, mir mehr zu erzählen. Ich frage nach, wie sein Alltag aussieht, welchen Menschen er begegnet und wie sich diese Begegnungen gestalten. Ich höre weiter zu und lerne so den Garten seines Lebens immer besser kennen.

Bei allem Zuhören steht mir stets vor Augen, dass ich es sehr wahrscheinlich mit einem verlorenen Menschen zu tun habe, der Jesus, den Retter, dringend braucht. Aber ich nehme mir die Zeit und lerne den Garten seines Lebens kennen. Die ganze Fülle seiner Erfahrungen – seine Freuden, Fragen, Niederlagen,

Siege, Nöte, Zweifel, Verletzungen, Ausweglosigkeit, Bitterkeit und Selbstverliebtheit, sehr wahrscheinlich auch handfeste Fehler, alles kommt zur Sprache. Ich lerne den individuellen Lebensgarten dieses einen Menschen kennen. Und ich warte darauf, dass mir klar wird, wo das Evangelium von Jesus in seinem Leben greifen könnte. Ich werde ein Hörender.

Seelsorge hat viele Aspekte. Aber die Disziplin des Zuhörens ist ihre Grundlage. Wer ein Hörender sein will, muss bereit sein, sich selbst für begrenzte Zeit loszulassen und dem anderen mit dem Dienst des Zuhörens zu dienen. Nur so erschließt sich der Garten des Lebens, den mein Gegenüber mir schildert. Je länger ich zuhöre, umso besser lerne ich diesen Garten kennen. Ich begreife, wie mein Gegenüber „tickt". Und ich kann immer besser einschätzen, wo und wie ich diesem besonderen Menschen mit seinem besonderen Leben Jesus bekennen muss.

Manchmal stockt der Ratsuchende. Der Redefluss bricht ab. Dann frage ich mich, warum das wohl so ist. Steht mein Gegenüber vielleicht jetzt gerade an einer Stelle, wo ihm das Reden schwer wird? Kann es sein, dass er jetzt an Dinge rührt, die schmerzhaft, peinlich, dunkel oder schlicht unbegreiflich sind? Dann versuche ich, mein Gegenüber dort abzuholen. Ich sage vielleicht: „Kann es sein, dass Sie von etwas sprechen wollen, was Sie zutiefst aufwühlt? Fehlen Ihnen die Worte? Oder befürchten Sie, ich könnte mich von Ihnen abwenden? Seien Sie unbesorgt! Sprechen Sie ruhig ungeordnet, umständlich oder auch ein bisschen wirr. Ich finde mich schon zurecht! Und im Übrigen: Mir ist nichts Menschliches fremd, egal wie dunkel oder hässlich es aussehen mag. Ich falle bestimmt nicht in Ohnmacht! Ich bin ganz dicht an Ihrer Seite!“

Meist geht das Gespräch dann weiter. Die Ermutigung greift. Gemeinsam erforschen wir weiter den Garten des Lebens meines Gegenübers. Ich höre und höre. Und ich staune immer wieder, wie unglaublich verschieden und vielfältig der Lebensgarten jedes einzelnen Menschen ist. Es gibt nur Originale.

Begleiten

Seelsorge hat eine kleine Schwester: die Langsamkeit. Wer Seelsorge schnell und effizient über die Bühne bringen will, hat es schwer! Nichts geht schnell in der Seelsorge. Sie braucht ihre Zeit und lässt sich nicht einfach beschleunigen.

Das hängt mit der Machart von uns Menschen zusammen. Unser Verstand kann schnell, vielleicht sogar sehr schnell sein. Aber alles, was mit unseren inneren Entwicklungen und den damit verbundenen Gefühlen zu tun hat, vollzieht sich mit einer gewissen Langsamkeit. Wer Menschen seelsorgerisch begleiten will, muss sich auf diese Langsamkeit einstellen.

Maschinen sind immer gleich. Sie sind berechenbar. Man kann sie vergleichsweise leicht bedienen. Ein Knopfdruck oder das Umlegen eines Hebels reichen meist aus. Aber Menschen sind keine Maschinen. Menschen sind Menschen. Die Bewegungen und Wandlungen ihrer Seele vollziehen sich nicht schnell und immer gleich, sondern mit einer – zuweilen auch entnervenden – Langsamkeit. Sie sind darüber hinaus sehr oft mit Rückschlägen, Umwegen und mit der schier endlosen Wiederholung alter Fehler verbunden. Man muss sich darauf einstellen. Die Langsamkeit gehört dazu.

Konkret heißt das: So gut wie nie kann in einem einzigen seelsorgerischen Gespräch ein großer Durchbruch erzielt werden, der alle Probleme mit einem Schlag löst. Die Dinge brauchen ihre Zeit. Seelsorge ist immer ein Weg, den Seelsorger und Ratsuchender gemeinsam zurücklegen. Viele Gespräche werden geführt. Viele Dinge müssen wieder und wieder angesprochen werden, bis es zu einer bleibenden Veränderung kommen kann. Das strapaziert mitunter die Geduld. Andererseits weiß jeder von sich selbst, dass er in Bezug auf echte innere Veränderungen auch manchmal im Schneckentempo unterwegs ist. Als Seelsorger sollte er also barmherzig sein, wenn sein Gegenüber dieselbe Langsamkeit zeigt.

Hinzu kommt nun noch etwas: Auch der Seelsorger ist langsam. Es ist keine Kleinigkeit, den Garten des Lebens eines Ratsuchenden wirklich kennenzulernen. Vieles, was Ratsuchende mir anvertrauen, kann ich unmittelbar gar nicht richtig und angemessen einschätzen. Ich gehe an manchem einfach achtlos vorüber und begreife zunächst gar nicht seine Bedeutung. Ich bin selbst langsam. Es kann beispielsweise geschehen, dass mein Gegenüber mir einige Details aus seiner Familie erzählt, in der er aufgewachsen ist. Ich nehme diese Dinge auf, kann aber zunächst kaum ermessen, welche Rolle sie im Leben meines Gegenübers gespielt haben. Das ist sehr menschlich. Wir Menschen sind nicht so beschaffen, dass wir in der Seelsorge sofort immer Wichtiges von weniger Wichtigem unterscheiden können. Wir sind begrenzte Wesen, die manchmal etwas schwer von Begriff und deshalb langsam sind.

An dieser Stelle wird nun die längerfristige Begleitung eines Ratsuchenden wichtig. Im Laufe mehrerer Gespräche werden nämlich ganz bestimmte Details (zum Beispiel aus dem Familienleben des Ratsuchenden) immer wieder auftauchen. Irgendwann wird man stutzig: Dasselbe Detail hat mein Gegenüber nun schon drei- oder viermal erwähnt. Das muss eine besondere Bedeutung haben, die mir bisher entgangen ist. Dann kann ich einhaken und rückfragen. Zum Beispiel so: „Darf ich Sie kurz unterbrechen? Mir fällt etwas auf: Sie haben in den vergangenen Wochen immer wieder dieses Detail aus der Zeit in Ihrer Familie erwähnt. Warum ist das so wichtig? Können Sie mir helfen und mehr dazu sagen? Warum beschäftigt Sie das so stark? Welche Bedeutung hat diese besondere Erfahrung für Sie?“

Das Gespräch nimmt dann eine neue Wendung. Es geht eine Stufe tiefer. Es erschließen sich neue, bisher übersehene Teile des Lebensgartens des Ratsuchenden. Ich verstehe sein Leben tiefer und vollständiger. Ich begreife besser, warum er so geworden ist, wie er geworden ist. Ich kann seine Schwierigkeiten umfassender und präziser verstehen.

Auch Seelsorger sind nur Menschen. Manche wichtigen Details erkennen sie erst, wenn sie sie mehr als einmal von ihrem Gegenüber hören und irgendwann stutzig werden. Ich glaube nicht, dass man diesen Lernprozess beim Seelsorger wesentlich beschleunigen kann. Mit den Jahren und mit wachsender Professionalität geht es vielleicht ein kleines bisschen rascher. Aber insgesamt braucht es einfach Zeit, bis Seelsorger und Ratsuchender gemeinsam tiefer in den Garten des Lebens vordringen können. Vieles hört man als Seelsorger erst dann wirklich, wenn es zum wiederholten Mal vom Ratsuchenden vorgetragen wurde. Das heißt: Auch das Verstehen des Seelsorgers vollzieht sich mit einer gewissen – für ihn selbst oft genug frustrierenden – Langsamkeit.

Darum ist es wichtig, Seelsorge von vornherein nicht künstlich auf ein einziges Gespräch zu begrenzen, sondern sich darauf einzustellen, dass sie meistens längere Begleitung bedeutet. Sowohl der Seelsorger als auch der Ratsuchende überfordern sich sonst! Wir Menschen sind zu komplex gebaut, als dass man unsere Probleme in wenigen Gesprächen einer Lösung zuführen könnte. Das funktioniert in der Regel nicht.

Auch bei dem jungen Auszubildenden[3] dauert es eine ganze Weile, bis ich der Problematik seines Lebens auf die Spur komme. Irgendwann fällt mir auf,

---

3 Siehe Kapitel 1: Zuhören, S. 13ff.

dass er fast durchweg andere (Ausbilder, Mitauszubildende) für seine Misere verantwortlich macht. Nur selten wird ihm eigenes Versagen bewusst. Verantwortlich sind nach seiner Überzeugung überwiegend die anderen. Ich spreche ihn darauf an und frage ihn, ob es wirklich so sei, dass immer die anderen die Verantwortung für seine Misserfolge trügen.

Er stutzt und verfällt einige Zeit ins Nachdenken. Dann antwortet er, dass es auch schon früher vorgekommen sei, dass er andere für eigene Misserfolge verantwortlich gemacht habe. Behutsam frage ich weiter nach, wann denn dieses „früher" gewesen sei. Es stellt sich heraus, dass ihm als Einzelkind in der Familie oft die Wünsche von den Augen abgelesen wurden. Das verstärkte sich, als durch einen Unfall eine bleibende körperliche Beeinträchtigung sein Leben veränderte. Irgendwann setzte sich in ihm der emotionale Eindruck fest, dass die Welt für sein Wohlergehen verantwortlich sei. Er entwickelte eine stille, innere Anspruchshaltung. Die führte dazu, dass er immer wieder das Gefühl entwickelte, ungerecht behandelt zu werden, wenn das Leben Forderungen an ihn stellte. Er zog sich zurück, gab schnell auf und versäumte dabei, eigene Gaben und Potenziale zu entwickeln.

Es braucht Zeit, bis ich das Geheimnis hinter den Problemen dieses jungen Menschen entdecke. Es erschließt sich nicht gleich in unserem ersten Gespräch, sondern zeigt sich erst während einer seelsorgerischen Begleitung über mehrere Gespräche hinweg.

Es ist darum sowohl für den Seelsorger als auch für den Ratsuchenden ungemein entlastend, wenn sich beide von vornherein eingestehen, dass sie keine Supermänner oder Superfrauen sind, sondern einfach Menschen mit einer gewissen angeborenen Langsamkeit. Es ist wichtig, dass Seelsorger gegenüber den Ratsuchenden nicht so tun, als könnten sie alle Probleme in ein paar Gesprächen beseitigen, sondern gleich darauf hinweisen, dass Seelsorge, wenn sie helfen soll, immer ein gemeinsamer Weg ist – es geht um Begleitung. Seelsorger sind keine Zauberer, die alles sofort durchblicken, und auch als „Profis" können sie nicht binnen kürzester Zeit die lästigen Probleme auf wundersame Weise verschwinden lassen. Seelsorger sind immer auch Lernende. In jedem neuen Gespräch sind sie Lernende. Und Lernen braucht Zeit.

Ich habe mich zu Beginn meiner Tätigkeit als Seelsorger oft innerlich verkrampft, weil ich an mich selbst den Anspruch stellte, immer ganz schnell Hilfe bringen zu müssen. Ich spürte auch die Erwartungen der Ratsuchenden, die möglichst rasch ihre Probleme loswerden wollten und hofften, ich könne das irgendwie zuwege bringen.

Irgendwann bin ich dazu übergegangen, Seelsorge nicht mehr verkrampft zu betreiben, sondern von vornherein darauf hinzuweisen, dass auch in der Seelsorge alles mit einer gewissen Langsamkeit vonstattengeht. Ich mache von Anfang an deutlich, dass Seelsorge immer ein gemeinsamer Weg der

Begleitung ist, auf dem es nur Schritt für Schritt vorwärts geht; dass Seelsorge eher ein Marathon ist, als ein kurzer Sprint. Seitdem bin ich entspannter.

Verstehen

Wer Menschen über längere Zeit begleitet und ihnen aktiv zuhört, beginnt irgendwann zu verstehen. Die vielen – manchmal verwirrenden – Einzelteile fügen sich allmählich zu einem sinnvollen Ganzen zusammen. Die Fäden verknüpfen sich. Bestimmte Dinge kommen in den seelsorgerischen Begegnungen wieder und wieder zur Sprache, und irgendwann wird klar, dass sie eine wichtige Rolle im Leben des Ratsuchenden spielen müssen. Sein Leben wird langsam zum vertrauten Terrain: Stärken und Schwächen treten nun deutlicher hervor. Auch Fähigkeiten und Unfähigkeiten, ungenutzte Potenziale, womöglich tief sitzende Verletzungen mit Langzeitfolgen, richtige Entscheidungen und Fehlentscheidungen, handfeste Sünde und ihre zerstörerischen Auswirkungen – alles wird sichtbar. Das ganz besondere, individuelle Leben des

Ratsuchenden wird wie ein vertrauter Garten, in dem alles seinen Platz hat.

Natürlich ist man weit davon entfernt, wirklich den ganzen Garten zu kennen. Es bleiben immer noch genügend Gartenabschnitte, die man noch nie betreten hat und vielleicht nie kennenlernen wird. Aber im Großen und Ganzen gewinnt man doch mit der Zeit einen Überblick, was es mit diesem Garten auf sich hat. Und noch etwas wird deutlich, und zwar, wie der, der diesen Garten einst geplant und angelegt hat, ihn gemeint hat. Es wird klar, welche Potenziale der lebendige Gott in diesen besonderen Menschen hineingelegt hat. Wer lange in einem großen Garten unterwegs ist, versteht irgendwann dessen Grundstruktur und die Planung, die dem Garten zugrunde liegt.

Selbst wenn der Garten einen chaotischen Anblick bietet und anscheinend nichts mehr darin in Ordnung ist, bleibt doch ein Eindruck davon zurück, wie er ursprünglich mal gedacht war und angelegt wurde. Sicher, die Gemüsebeete sind überwuchert und kaum noch erkennbar. Auf den großflächigen Wiesen haben sich massenhaft dornenreiche Hagebuttensträucher ausgebreitet. Mannshohes Unkraut steht in den Rosenbeeten. Die Rosen selbst sind mangels Licht und Feuchtigkeit eingegangen. Die Bäume, einst sinnvoll platziert, sind lange nicht beschnitten worden, haben Wassertriebe gebildet und bieten einen jämmerlichen Anblick. Die Büsche sind zu Bäumen ausgewuchert und nehmen den eigentlich prächtigen Stauden Licht und Platz weg. In einer Ecke des Gartens hat man achtlos Altöl ausgeschüttet. Das Öl ist in den Boden gesickert und hat ihn vergiftet. Dort wächst nun gar nichts mehr. Und die schönen Rasenflächen sind von Moos überwuchert und längst versumpft.

Es ist scheinbar nichts mehr in Ordnung in diesem Garten. Und doch erkennt man noch, dass dieser Garten einmal sorgfältig geplant wurde. Man erkennt auch, dass in diesem Garten trotz aller Unordnung und trotz allem Chaos Potenziale stecken, die nur wieder sichtbar gemacht, gestärkt und entwickelt werden müssten. Und hier setzt die Seelsorge an.

Geduldiges, aufmerksames Zuhören und Begleiten bewirken irgendwann immer ein Verstehen. Das Leben des Ratsuchenden wird vertraut und wenigstens ein Stück weit transparent. Es wird deutlich, welche grundlegenden Erfahrungen zu welchen inneren Einstellungen und daraus folgenden Problemen geführt haben. Genauer: Die zerstörerischen Auswirkungen von Sünde werden sichtbar – von Sünde, die andere an dem Ratsuchenden begangen haben, und von Sünde, für die er selbst verantwortlich ist. Darüber hinaus zeigen sich ungenutzte Potenziale und Defizite in seinem Leben. Gleichzeitig werden auch die Umrisse dessen erkennbar, wie Gott das Leben und die Persönlichkeit dieses besonderen Menschen gemeint hat, das heißt, in welcher Weise er den Ratsuchenden in besonderer Weise begabt und befähigt hat, als sein Ebenbild zu leben (1Mo 1,27).

Im Falle des jungen Auszubildenden[4] wird nach mehreren Gesprächen sehr deutlich, wo das Hauptproblem in seinem Leben liegt, nämlich in einer emotionalen Anspruchshaltung, die er im Laufe der Jahre eingeübt hat. Im tiefsten Inneren erwartet er von seiner Umwelt, dass sie ihm dient. Die Schwierigkeiten in seinem Leben haben ihre Hauptursache also nicht in einem Versagen seiner Umwelt, sondern in ihm selbst und seiner angelernten Anspruchshaltung. Seine Sicht auf Umwelt und Mitmenschen wird von diesem erworbenen Verhaltensmuster bestimmt und führt ihn in die Irre. In der zunächst etwas schwer überschaubaren Vielfalt seiner Äußerungen zeigt sich nach und nach eine Ordnung, ein Muster, in dem die Dinge sinnvoll zueinander passen. Ich fange an zu verstehen.

4 Siehe Kapitel 2: Begleiten. S. 27ff.

Strukturieren

Bisher hat mein Dienst als Seelsorger darin bestanden, meinem Gegenüber aktiv und konzentriert zuzuhören. Sicher, ich habe hier und da nachgefragt, wenn etwas rätselhaft für mich blieb. Aber insgesamt war es doch der Ratsuchende, der die Agenda des Gesprächs bestimmt hat. Das ändert sich jetzt.

Nach längerem Zuhören und Begleiten fügen sich die zahlreichen Mosaiksteinchen mehr und mehr zu einem sinnvollen Bild zusammen. Mein Gegenüber hat mir viel erzählt. Dieser Mensch hat mich, bildlich gesprochen, an die Hand genommen und mich durch den Garten seines Lebens geführt. Stück für Stück ist er mir vertraut geworden. Irgendwann habe ich verstanden, wo sich die größten Baustellen im Leben dieses Menschen befinden und wie sie aussehen.

Der nächste Schritt wird nun darin bestehen, die gewonnenen Erkenntnisse zu strukturieren, zu bündeln und meinem Gegenüber zugänglich zu machen. „Darf ich an dieser Stelle einmal einhaken?“, übernehme ich die Initiative. „Wir haben lange miteinander gesprochen. Jetzt würde ich Ihnen gern schildern, wie sich Ihr Leben für mich als Außenstehenden darstellt. Sind Sie offen dafür?“ Mein Gesprächspartner sieht mich aufmerksam an. Er spürt vielleicht, dass jetzt eine neue Phase in unseren seelsorgerischen Begegnungen beginnt. Dann nickt er langsam. Behutsam beginne ich nun, dem Ratsuchenden zu erklären, wie ich sein Leben sehe. Es ist ein Blick von außen, der jetzt auf sein Leben fällt.

Ich nehme die Informationen auf, die der Ratsuchende mir im Laufe der Gespräche anvertraut hat. Vielleicht spreche ich zunächst davon, wie sich sein zurückliegendes Leben in seiner Familie für mich darstellt. Ich benenne die prägenden Erfahrungen und skizziere, welche Auswirkungen sie auf ihn hatten. Dann gehe ich weiter und zeige ihm, wie die Baustellen in seinem Leben entstanden sein könnten. Ich beleuchte sein Verhalten und das Verhalten anderer in seinem Leben und beschreibe, wie daraus sein ganz individueller Lebensweg geworden ist. Ich benenne Defizite, Fehlverhalten und Sünde, für die entweder er selbst oder andere in seinem Lebenskreis verantwortlich sind, weise aber auch auf ungenutzte Potenziale hin. Ich setze Schritt für Schritt das Bild seines Lebens zusammen, so wie es sich für mich darstellt. Ich strukturiere und bündele.

Für mein Gegenüber stellt das eine echte Herausforderung dar. Er tritt jetzt seinem Leben gewissermaßen selbst gegenüber. Einfach ist das nicht.

Andererseits liegt darin auch etwas Entlastendes. Bisher waren die Probleme seines Lebens für ihn möglicherweise eher ein undurchsichtiges Chaos. Jetzt, beim Strukturieren und Bündeln, kommen zum ersten Mal so etwas wie Ordnung und System in das Chaos. Er beginnt zu verstehen, woher die Schwierigkeiten in seinem Leben kommen. Er erkennt die Wurzeln seiner Not. Er beginnt, sich selbst besser zu verstehen. Das bedeutet eine große Entlastung, denn nun kann er die bestehenden Probleme geordnet angehen. Er ist ihnen nicht mehr hilflos ausgeliefert.

Darüber hinaus weiß er aus den vergangenen Begegnungen, dass ich ihn auf keinen Fall mit den neuen – und vielleicht bestürzenden – Erkenntnissen alleinlassen werde. Er weiß: Auch den weiteren Weg kann er gemeinsam mit mir zurücklegen. Er ist nicht allein.

Ich komme an dieser Stelle noch einmal auf den jungen Auszubildenden aus dem vorhergehenden Kapitel (s. Seite 26) zurück. Nachdem wir mehrere Gespräche geführt haben, beginnt auch hier die Phase des Strukturierens und Bündelns.

Ich spreche mit dem jungen Mann darüber, dass er als Einzelkind in seiner Familie immer die volle Aufmerksamkeit seiner Eltern hatte. Nach seinem Unfall verstärkte sich das noch einmal. Er lebte gewissermaßen wie ein kleiner Prinz. Das war sein Alltag, der ihn nachhaltig geprägt hat.

Allerdings hatte dieser Alltag eine Nebenwirkung: Er führte dazu, dass er die Erwartung entwickelte, dass das immer so weitergehen müsse. Er begann, einem emotionalen Verhaltensmuster zu folgen, das ihm signalisierte: Du kannst erwarten, dass deine Umwelt sich darum kümmert, dass du es leicht hast und es dir in der Regel gut geht. Wenn das nicht der Fall ist, hat deine Umwelt versagt, und du hast das Recht, ungehalten und verstimmt zu sein.

Die Auswirkungen waren tiefgreifend. Er entwickelte die Tendenz, anstrengende und unangenehme Aufgaben entweder rasch auf andere abzuwälzen oder ganz aufzugeben. Insgesamt war er wenig belastbar und begegnete seiner Umwelt mit der Erwartung, sie müsse das irgendwie ausgleichen und ihm immerfort Lasten abnehmen. Da die Menschen außerhalb seiner Familie dies selbstverständlich nicht taten, begegnete er ihnen schnell mit stillem Vorwurf. Das führte dazu, dass Menschen sich von ihm zurückzogen, was wiederum die Haltung des Vorwurfs in ihm verstärkte.

Das unheilvolle emotionale Verhaltensmuster führte leider auch dazu, dass er Gaben und Fähigkeiten, die ihm (wie jedem anderen) von Natur aus gegeben waren, nur oberflächlich trainierte und entwickelte. Er scheute davor zurück, ohne Groll und mit Ausdauer die dafür nötigen Anstrengungen auf sich zu nehmen und sie nicht als großes Unrecht zu empfinden. Insgesamt versäumte der junge Mann es, Verantwortung für sein Leben zu übernehmen und entsprechend zu handeln. Innerlich blieb er der „kleine Prinz", der er in seiner Familie gewesen war.

Während ich all diese Dinge anspreche, ist mir klar, dass ich meinem Gegenüber damit einiges zumute. Wahrscheinlich bin ich der erste, der ihn mit diesen Schattenseiten seines Lebens konfrontiert. So nehme ich mir ganz bewusst viel Zeit und achte auf seine Reaktionen. Ich lasse auch immer wieder durchblicken, dass sich die Fehlhaltungen in seinem Leben auf jeden Fall in Ordnung bringen lassen und dass es ihm dann insgesamt sehr viel besser gehen wird. Ich erwähne auch, dass ich, wenn gewünscht, bei seiner Arbeit an sich selbst an seiner Seite bleiben und ihn unterstützen werde.

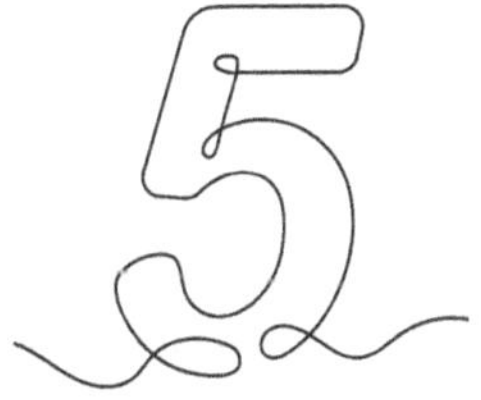

Jesus bekennen

Ich komme in diesem wesentlichen Aspekt meiner Ausführungen noch einmal auf das Bild vom Garten zu sprechen. Wir haben gesehen, dass das Leben jedes Menschen mit einem Garten vergleichbar ist. Durch geduldiges und aufmerksames Zuhören lernt der Seelsorger diesen Garten kennen. Er wird Stück für Stück vertraut mit dem Leben des Ratsuchenden. Er lernt schöne und gepflegte Teile des Gartens kennen, aber auch weite Teile, in denen Unordnung und Zerstörung den Anblick des Gartens entstellt haben. Wie kann der Seelsorger in den Gesprächen mit dem Ratsuchenden nun Jesus bekennen?

Die erste Möglichkeit ist grundsätzlicher Natur und besteht darin, dass der Seelsorger dem Ratsuchenden eine gewiss recht bittere, biblische Wahrheit aus Römer 6,23 aufzeigt, nämlich: Sünde zerstört!

Sünde zerstört. Immer! Manchmal tritt diese Zerstörung sofort und augenfällig ein. Manchmal tritt sie aber auch schleichend ein und kommt somit auch erst schleichend zutage. Zerstörerisch ist Sünde allerdings immer! Sie zerstört die Beziehung zu Gott, und sie zerstört die Beziehungen zwischen Menschen.

Die zerstörende Wirkung der Sünde ist über kurz oder lang immer Thema in seelsorgerischen Gesprächen. Es kann Sünde von anderen sein, die zerstörerisch in das Leben des Ratsuchenden eingegriffen haben. Es wird aber oft auch Sünde sein, für die der Ratsuchende selbst verantwortlich ist. Die Wirkung ist in beiden Fällen dieselbe, nämlich Zerstörung. Vielleicht ist nicht immer sofort offensichtlich, welche konkrete Sünde wo zerstörerisch gewirkt hat. Aber immer ist irgendeine Spielart von Sünde für Zerstörung im Leben des Ratsuchenden verantwortlich.

Seelsorgerische Gespräche werden deshalb geführt, weil der Ratsuchende spürt, dass mit seinem Leben etwas nicht stimmt. Er wird das von sich aus (wenigstens zunächst) nicht auf die Wirkung von Sünde zurückführen. Aber er spürt die Zerstörung, die in seinem Leben an irgendeiner Stelle eingetreten ist.

Der Seelsorger wird diese Zerstörung im Gespräch nun behutsam, aber konsequent thematisieren. Er wird über angelernte falsche Verhaltensweisen, Fehlentscheidungen, prägende negative Erfahrungen, grobes oder raffiniert getarntes Fehlverhalten sprechen. Er wird die zerstörerischen Kräfte, die im Leben des Ratsuchenden wirksam geworden sind, einfühlsam, aber auch konkret und ungeschönt benennen. Er wird gemeinsam mit seinem Gegenüber freilegen, was hinter der Unordnung im Garten seines Lebens steckt.

Ein Ratsuchender spricht von seiner starken Anziehung zu Pornografie im Internet. Er gibt auch zu erkennen, dass er schon einige Erfahrungen im Rotlichtmilieu gesammelt hat. Er berichtet, dass er von dieser Welt aufgeheizter Sexualität nicht loskommt, sondern im Gegenteil immer tiefer in sie hineingezogen wird. Fantasie, Gefühle und Beziehungen werden immer stärker von der pornografischen Bilderwelt bestimmt.

Der Seelsorger spricht nun mit ihm über die Folgen dieses Verhaltens. Er führt ihn an die Zerstörung heran, die durch den Konsum von Pornografie in seinem Leben bereits eingetreten ist. Er weist auch darauf hin, dass Pornografie wie das Trinken von Salzwasser ist: Je mehr man davon zu sich nimmt, umso durstiger wird man und umso größer ist die Zerstörung.

Im seelsorgerischen Gespräch wird dem Ratsuchenden die zerstörerische Wirkung seines Verhaltens nun nach und nach klar. Irgendwann kommt es bei ihm aller Wahrscheinlichkeit nach zu einem Aufschrecken. Er wird zu verstehen beginnen, was der Seelsorger wohl meint, wenn er sagt, dass Sünde zerstört.

Aber es bleibt nicht bei dieser erschreckenden Erkenntnis. Der Seelsorger wird mit dem Ratsuchenden erarbeiten, dass Gott seine Gebote und Maßstäbe unter anderem genau dafür gegeben hat, um Zerstörung zu verhindern. Das ändert jetzt natürlich noch nichts an der atheistischen oder agnostischen Einstellung des Ratsuchenden. Aber er versteht, dass Gott – wenn es ihn denn gibt – auf jeden Fall nicht der große „Spaßverderber" ist, für den er ihn vielleicht bisher gehalten hat. Es kommt zu einem ersten, vorsichtigen Umdenken. Er begreift, dass Gottes Motivation hinter den Geboten kein Bevormunden ist. Vielmehr besteht sein Ziel darin, Menschen mit seinen Geboten vor Zerstörung zu bewahren – Zerstörung, die der Ratsuchende in seinem eigenen Leben sehr konkret vor Augen hat. Seine Sicht von Gott verändert sich erstmals zurückhaltend. Damit ist ein erster Schritt in Richtung einer persönlichen Beziehung zu Gott getan.

Im Verlauf weiterer seelsorgerischer Gespräche wird der Ratsuchende die Zerstörung in seinem Leben deutlicher erkennen. Er begreift, dass es konkretes Fehlverhalten war, das für die Unordnung in seinem Leben verantwortlich ist. Er bekommt einen Eindruck davon, wie viele „Baustellen" es in seinem Leben gibt. Vielleicht wird er zunehmend ratlos vor der ungeheuren Aufgabe stehen, die jetzt vor ihm liegt. Vielleicht wird er sehr entmutigt sein.

Und wieder eröffnet sich für den Seelsorger die Möglichkeit zum Bekenntnis. Er kann sinngemäß Folgendes sagen: „Ich weiß, dass es Gott gibt.

Du glaubst nicht an ihn, ich weiß. Aber es gibt ihn wirklich. Er ist eine Person, nicht nur eine Kraft. Er sieht dich in diesem Augenblick, und er wünscht sich nichts mehr, als in deinem Leben arbeiten zu dürfen, Ordnung zu schaffen und Zerstörtes zu reparieren. Jesus ist da und wartet nur darauf, dass du ihm die Chance gibst, in deinem Leben einen Neuanfang zu ermöglichen. Er wird dir nicht mit Vorwürfen begegnen, sondern mit befreiender Vergebung, wenn du nur bereit bist, ihn in die Mitte deines Lebens eintreten zu lassen. Er möchte in dein Leben kommen, damit Zerbrochenes wieder heil wird. Du musst nicht die ganze Arbeit alleine tun!"

An dieser Stelle kann der Seelsorger dem Ratsuchenden eine „Hausaufgabe" bis zum nächsten Gesprächstermin anbieten. Die „Hausaufgabe" besteht darin, Gott zum ersten Mal in seinem Leben anzusprechen, obwohl er vielleicht immer noch erhebliche Zweifel daran hegt, ob dieser Gott wirklich existiert.

Der Seelsorger gibt dem Ratsuchenden dazu eine Verheißung der Bibel mit, also ein Versprechen Gottes, das er für sich in Anspruch nehmen kann. Infrage kommt zum Beispiel Matthäus 7,7: *„Bittet, und Gott wird euch geben; sucht, und er lässt euch finden; klopft an, und er öffnet die Tür!"* Infrage kommt auch Psalm 50,15: *„Wenn du in Not bist, rufe mich an! Dann will ich dich retten – und du wirst mich ehren!"*

Der Seelsorger ermutigt den Ratsuchenden, dieses Versprechen Gottes für sich in Anspruch zu nehmen. Unter Umständen wird er ihm sogar ein kurzes Gebet in schriftlicher Form mitgeben, das er beten kann, wenn ihm selbst die Worte fehlen. Das Gebet könnte lauten: „Jesus, wenn es dich gibt, hilf mir mit dem, was in meinem Leben zerstört ist. Bitte hilf mir, dich kennenzulernen!" Mit einer Verheißung Gottes und einem auf ihn zugeschnittenen individuellen Gebet versorgt, kann der Ratsuchende nun selbst aktiv werden und Gott im Gebet suchen. Beim nächsten Gespräch kann er dann über seine Erfahrungen damit berichten, wie er sich erstmals an das Gebet herangetastet hat.

Im Verlauf weiterer Gespräche wird sehr wahrscheinlich auch irgendwann das Thema „Schuld" Raum bekommen. Sünde zieht immer Schuld nach sich, denn jede Sünde bleibt hinter den Forderungen der Heiligkeit Gottes zurück. Der Sünder gerät damit Gott (und den Menschen) gegenüber immer tiefer ins Minus, also in Schuld. Schuld macht sich durch Regungen des Gewissens, konkret durch Schuldgefühle, im Leben jedes Menschen bemerkbar.

Viele Ratsuchende erkennen im seelsorgerischen Gespräch, dass sie durch Fehlverhalten Schuld auf sich geladen haben. Sie sind unsicher, wie sie mit den belastenden Erinnerungen daran und den immer wieder aufsteigenden Schuldgefühlen umgehen sollen. Bisher haben sie eigene Schuld sehr wahrscheinlich regelmäßig rasch verdrängt und abgeschoben. Aber jetzt, wo das Vertrauen zum Seelsorger in den zurückliegenden Gesprächen gewachsen ist, kann auch dieses dunkle Thema Raum bekommen.

Und wieder naht der Moment des Bekenntnisses: Der Seelsorger wird nun darauf hinweisen, dass Schuld (und die damit verbundenen Schuldgefühle) nicht von allein verschwinden werden. Er wird davon sprechen, dass es auch Unmengen von Kraft kostet, Schuld immer wieder zu verdrängen und „unten" zu halten. Und er wird auf die eine und einzige Möglichkeit hinweisen, Schuld wirklich für immer zu bewältigen. Er wird von Jesus sprechen, der mit seinem Sühnetod am Kreuz einen unbegrenzten Gegenwert für menschliche Schuld hervorbrachte. Er wird den Ratsuchenden ermutigen, seine Schuld konkret vor Jesus offenzulegen und seine Vergebung zu erbitten. Er wird ihm auch anbieten, das jetzt sofort und gemeinsam oder in einem der kommenden Gespräche zu tun.

Vielleicht lehnt der Ratsuchende diesen Schritt erst einmal ab, weil ihm der Mut dazu fehlt oder ihm die Herausforderung zu groß erscheint. Aber er hat gehört, dass es eine Möglichkeit gibt, Schuld wirklich ablegen zu können und für immer davon befreit zu sein. Dieser Gedanke wird ihn begleiten. Er weiß auch, dass er seinen Seelsorger jederzeit wieder darauf ansprechen kann. Das wird auf Dauer seine Wirkung nicht verfehlen.

Nun noch einmal zurück zu dem jungen Auszubildenden aus den vorhergehenden Kapiteln: Er reagiert schockiert, als die Ursache seiner Probleme für ihn erkennbar wird. Es dauert eine Weile, bis er es wagt, den Tatsachen ins Auge zu sehen.

„Ich habe so viel Zeit verschwendet mit meinem Selbstmitleid und meinen Ansprüchen an die Menschen um mich herum“, sagt er irgendwann. „Das war dumm von mir. Ich schäme mich.“

Wir sprechen lange miteinander, besprechen die nächsten kleinen, praktischen Schritte, die jetzt vor ihm liegen und ihn allmählich aus seiner ichbezogenen inneren Fehlhaltung herausführen sollen.

„Sie sind an einem echten Wendepunkt in Ihrem Leben“, sage ich. „Darf ich Ihnen an dieser Stelle noch einen Vorschlag machen, der vielleicht etwas ungewohnt in Ihren Ohren klingen wird?“

Er sieht mich aufmerksam an, nickt dann aber stumm.

„Jeder Mensch hat Baustellen in seinem Leben. Nicht nur Sie. Aber wissen Sie, warum das so ist, warum wir Menschen so schwerwiegende Fehler machen?“

Er sieht mich fragend an.

„Wir sind unvollständig, sagt die Bibel. Eigentlich sind wir so konstruiert, dass wir Gott in der Mitte unseres Lebens brauchen. Sonst sind wir einfach nicht komplett. Aber die meisten Menschen leben ohne ihn. Und dann verlieren sie die Orientierung und drehen sich nur noch um sich selbst. Bei Ihnen war es ja auch so. Und dann nisten sich Fehlhaltungen ein und beschädigen das Leben. Sie haben es ja erlebt. Und darum: Wenn Sie offen dafür sind, lassen Sie Ihr Leben komplett machen! Bitten Sie Gott, bitten Sie Jesus, in die Mitte Ihres Lebens zu kommen und dort dauerhaft zu wohnen. Das wird dann zu einer echten und vor allem dauerhaften Wende in Ihrem Leben führen. Er wird Ihnen all das Falsche vergeben, das sich in Ihrem Leben angesammelt hat. Das wird Sie entlasten. Und dann werden Sie mit ihm in einer persönlichen Beziehung leben und erfahren, was er in Ihrem Leben alles an Gutem tun wird. Und dann haben Sie Zukunft. Gute, helle Zukunft, die mit dem Tod nicht zu Ende ist.“

Wer als Seelsorger gemeinsam mit einem Ratsuchenden den Weg des Zuhörens geht, hat an vielen Stellen die Möglichkeit zum Bekenntnis. Und ganz wichtig: Dieses Bekenntnis hat Gewicht! Es ist glaubwürdig, weil der Seelsorger sich viel Zeit genommen hat, um mit dem Ratsuchenden vom Zuhören über das Begleiten zum Verstehen und Strukturieren zu gehen. Das heißt: Der Seelsorger hat dem Ratsuchenden gezeigt, dass er sich verlässlich und dauerhaft für ihn interessiert und einsetzt. Diese Tatsache verleiht seinem Bekenntnis Gewicht und Glaubwürdigkeit.

Zuhören – begleiten – verstehen – strukturieren – Jesus bekennen. Diese fünf Schritte bestimmen die Seelsorge an Menschen, die dem Glauben an Jesus zunächst fernstehen. Sie umreißen das, was man missionarische Seelsorge nennt.

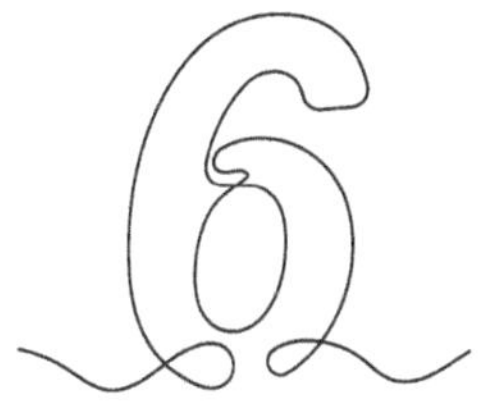

Fallstudien

6.1 „Ich kann nicht mehr!“

Unabdingbarer Bestandteil meines Dienstes sind Krankenbesuche im Krankenhaus vor Ort. Das Krankenhaus hat rund 200 Betten, ist also ein eher kleines Krankenhaus. Behandelt werden hier vor allem Erkrankungen der Gelenke und der Wirbelsäule. Viele, deren Hüft-, Knie- oder Schultergelenke verschlissen sind und nun entweder gar nicht mehr oder nur unter erheblichen Schmerzen funktionieren, kommen hierher und erwarten Hilfe.

Neben der sogenannten „konservativen“ Behandlung, die das natürliche Gelenk erhalten und stabilisieren will, gibt es auch den operativen Eingriff, in dem das kranke und zerstörte Gelenk durch ein neues, künstliches Gelenk ersetzt wird. Läuft die Operation wie geplant, können die Patienten das Krankenhaus nach wenigen Wochen verlassen und in einer Anschluss-Heilbehandlung die Benutzung des neuen Gelenks einüben.

Manchmal kommt es aber auch zu Entzündungen rund um das neue Gelenk. Multiresistente Keime nisten sich am künstlichen Gelenk ein. Dann muss es wieder herausgenommen werden. Die Patienten verbringen dann oft viele Wochen oder gar Monate im Krankenhaus. Sie können sich ohne das Gelenk nur schwer oder gar nicht bewegen und liegen den ganzen Tag über (und natürlich auch in der Nacht) im Bett. Vielen geht es körperlich und psychisch schlecht. Sie leiden nicht nur unter Schmerzen, sondern vermissen auch ihr Zuhause, ihre Ehepartner, Kinder und Freunde. Dann geschieht es oft, dass ich von einer der Stationen gerufen und um einen Krankenbesuch gebeten werde. Und jetzt nehme ich Sie in Gedanken mit in eines der Krankenzimmer …

Die Krankenschwester hat mir die Nummer des Krankenzimmers mitgeteilt. Ich gehe zum angegebenen Zimmer, klopfe an und betrete das Zimmer. Drei Betten stehen in dem Zimmer. Jedes Bett ist belegt. Drei mir völlig fremde Frauen mustern mich. Ich stehe vor der Aufgabe, nun zunächst mal einen tragfähigen Kontakt herzustellen. So stelle ich mich vor und frage nach der Patientin mit dem Namen Meyer/Müller/Schulze/Krause.

Eine Patientin meldet sich. „Das bin ich!“, sagt sie. Ich gehe zu ihrem Bett und gebe ihr die Hand. „Sie hatten um ein Gespräch mit einem der

Klinikseelsorger gebeten", sage ich. „Da bin ich. Soll ich mich einen Moment an ihr Bett setzen?" Die Frau nickt.

Ich hole mir einen Besucherstuhl, schlängele ihn an Rollstühlen und Rollatoren vorbei und nehme an ihrem Bett Platz. Die Patientin sieht mich erwartungsvoll an. Ich muss entscheiden, was ich jetzt tue. Wie eröffne ich das seelsorgerische Gespräch? Schließlich kenne ich die Patientin überhaupt nicht. Ich habe sie noch nie gesehen. Aber ich soll ihr helfen, mit ihrer schwierigen Lebenssituation klarzukommen. Was soll ich also tun?

Die Situation ist nicht ganz einfach. Denn die beiden anderen Patientinnen rechts und links hören jedes Wort mit. Von Privatsphäre keine Spur. Ich agiere also ein bisschen wie auf einer Bühne. Daran muss man sich bei Besuchen im Krankenhaus gewöhnen. Wenn die Patienten laufen können, steht der Besucherraum zur Verfügung. Dort kann man hingehen und ist dann meistens ungestört. Aber wenn die Patienten das Bett nicht verlassen können, ist man gezwungen, im Raum zu bleiben. Manchmal drehen sich die Mitpatienten dann weg, um zu signalisieren: Wir hören nicht zu! Aber faktisch hören sie eben doch alles. Besonders unangenehm ist das bei schwerhörigen Patienten. Dann muss ich sehr laut sprechen und jeder im Raum bekommt wirklich alles mit!

Aber zurück zu der Patientin, an deren Bett ich Platz genommen habe. Wie soll ich das Gespräch eröffnen? Ich beuge mich ein klein wenig nach vorne zu ihr hin, sehe ihr aufmerksam ins Gesicht und sage: „Ich glaube, Sie gehen gerade durch eine schwierige Zeit. Was ist mit Ihnen? Möchten Sie darüber sprechen?“

Die Patientin merkt (hoffentlich), dass sie meine volle Aufmerksamkeit hat. Sie beginnt zu sprechen, erklärt mir ihre Lage, erzählt von ihrer langen Krankheits- und Leidensgeschichte. Das nimmt eine ganze Weile in Anspruch. Ich werde zum Hörenden und bin dankbar dafür. Ich lerne das Leben der Patientin in ersten Umrissen kennen. Wenn ich später persönlich auf sie eingehen will, ist das unbedingt nötig! Ab und zu stelle ich ein paar Zwischenfragen: „Was sagen die Ärzte zu Ihrem momentanen Zustand? Bekommen Sie Besuch? Können Sie nachts schlafen? Bekommen Sie genug Medikamente gegen die Schmerzen?“

Ganz allmählich gewinne ich einen ersten Eindruck von meinem Gegenüber. Dabei hilft übrigens auch ein rascher Blick auf den Nachttisch. Wenn dort ein Gesangbuch oder eine Bibel liegt (was sehr selten der Fall ist), weiß ich, dass ich es mit einem Menschen zu tun habe, den ich leicht auf geistliche Dinge ansprechen kann. Liegt auf dem Nachttisch die Bild-Zeitung, ein Julia-Roman oder die „Bild der Frau“, gehe ich bis auf Weiteres davon aus, dass die Patientin für geistliche Dinge wahrscheinlich weniger aufgeschlossen ist.

Ich spreche mit der Patientin über die lange, wechselvolle Geschichte ihrer Erkrankung. Das heißt: Ich nehme das ganz ernst, was sie zurzeit am allerstärksten beschäftigt. Oft fließen dann bei den

Patienten die Tränen. Der ganze Jammer über die Schmerzen, die Hilflosigkeit, das endlose Liegen und die schleppend verlaufende Heilung kommt heraus. Zum Teil geschieht das mit ziemlicher Wucht, also mit Wut, Unverständnis und Bitterkeit. „Ich kann nicht mehr!“, stößt sie hervor.

Wie in aller Welt geht man mit so viel Kummer, Wut, Verzweiflung und Bitterkeit um? Geradeheraus gesagt: Viele Menschen wissen es nicht! Sie sind der Meinung, man müsse solche Patienten irgendwie „aufmuntern“. Sie sagen vielleicht: „Kopf hoch, das wird schon wieder!“ Oder: „Ein Indianer kennt keinen Schmerz!“ Oder: „Bestimmt geht's dir morgen schon besser!“

Aber die Patientin weiß, dass es ihr morgen sehr wahrscheinlich nicht besser gehen wird. Sie glaubt auch nicht, dass „es“ schon wieder wird. Und die gut gemeinte Bemerkung „Ein Indianer kennt keinen Schmerz!“ empfindet sie wie blanken Zynismus, denn ihre Seele ist zermürbt und durchlöchert von wochenlangem, vielleicht monatelangem Schmerz. Wie also soll man auf einen Ausbruch von Kummer, Schmerz, Verzweiflung und Mutlosigkeit reagieren?

Es gilt hier der einfache Satz aus dem Römerbrief (Röm 12,15): *„Freut euch mit denen, die sich freuen; weint mit denen, die weinen!“*

Aber wie sieht das konkret aus? In der Praxis bedeutet das, dass ich mich innerlich genau auf Augenhöhe mit der Patientin begebe, mich in ihren Kummer hineinversetze und dann ihre Gefühle mit meinen eigenen Worten ausdrücke. Zum Beispiel: „Kann es sein, dass der Tag heute für Sie ein besonders schwerer Tag ist? Es scheint mir fast so ..." Oder: „Ich kann mir ungefähr vorstellen, wie Ihnen zumute ist: Sie wollen so gern aufstehen und können es nicht. Das schier endlose Herumliegen im Bett haben Sie so unsagbar satt. Und die fiesen Keime in ihrer Wunde wollen auch nicht das Feld räumen. Das ist ziemlich viel Belastung für einen einzelnen Menschen, oder? Manchmal wird Ihnen die Last fast zu schwer! Kein Wunder, dass in Ihnen dann irgendwann die Verzweiflung hochsteigt!"

„Weint mit denen, die weinen!", sagt der Apostel Paulus. Und recht hat er! Wer schwer und vor allem über lange Zeit hinweg krank ist, der ersehnt vor allem eines: Dass jemand zu ihm auf Augenhöhe herunterkommt und in seinen Schmerz, seine Verzweiflung, seinen Kummer hineinkommt und ihn – wenigstens ein Stück weit – mitempfindet.

Wer von Kummer, Entmutigung und Hoffnungslosigkeit erfüllt ist, weil er schon sehr lange krank ist und kein Ende der Leidenszeit absehbar ist, der braucht keine aufmunternden Floskeln, sondern der wartet auf jemanden, der sich traut, mit ihm den Kummer, die Verzweiflung und die Hoffnungslosigkeit anzusehen und mitzufühlen. „Weint mit denen, die weinen!"

Ein Grund, warum viele Menschen Krankenhausbesuche fürchten oder sich schlicht weigern, ein Krankenhaus auch nur zu betreten, besteht darin, dass sie ungeübt sind, auf Augenhöhe in das Leid eines anderen hineinzusteigen und es vorübergehend zu ihrem Leid zu machen. Und so kommt es, dass sie Todkranken allen Ernstes erzählen, dass ja bald alles besser werden wird. Die Folge: Der Kranke fühlt sich unendlich allein, verlassen, verraten. Er wird durch wohlmeinende, vermeintlich „aufmunternde" Worte in eine grässliche Einsamkeit gestoßen. Oft spielt er das unwürdige Spiel mit und ist froh, wenn der Besuch recht bald wieder geht.

„Weint mit denen, die weinen!" Das gilt es zu lernen, wenn man Kranke besucht. „Weint mit denen, die weinen!" Jemand, der schon lange krank ist, dürstet förmlich nach einem Menschen, der bereit ist, die Einsamkeit und den Kummer über seine Krankheit zeitweise an das eigene Herz heranzulassen. Geschieht das, wird das den Kranken stärken und ihm neuen Mut geben. Zwischen dem Kranken und seinem Besucher wird auch ein Vertrauen wachsen.

Doch zurück in das Krankenzimmer und zu der Patientin, an deren Bett ich immer noch sitze. All der Jammer, alle Verzweiflung durften aus ihr herausfließen. Ich bin an ihrer Seite geblieben, habe ihr Leid mitgefühlt und ihr durch einige Worte gezeigt, dass ich – so gut ich kann – mitfühle, was sie fühlt.

An dieser Stelle möchte ich Sie auf etwas aufmerksam machen, das mir wichtig erscheint. An dem englischen College, an dem ich studiert habe, nannte man das in der Seelsorgeausbildung „The ministry of touch", also den Dienst der Berührung.

Was meine ich damit?

Menschen, die durch dunkle Zeiten des Leides gehen, sehnen sich nach der Nähe von anderen, die ihr Leid auf Zeit mittragen. Diese Nähe kann durch Worte ausgedrückt werden, zusätzlich aber auch durch Berührung. Berührung kann die Botschaft von Worten verstärken.

Manchmal, wenn der ganze, vielleicht lange angestaute Kummer aus Menschen herausbricht, berühre ich sie mit meiner Hand leicht am Unterarm oder an der Hand. Manchmal halte ich auch die Hand für kurze Zeit ganz leicht fest. Vielen Menschen tut diese Berührung gut. Sie ist ein Ausdruck von Nähe und Mitgefühl, anders als Worte, aber auch sehr wirksam. Die Berührung sollte sich allerdings auf den Bereich von Unterarm oder Hand beschränken! Alles andere könnte als unzulässiger Einbruch in die Intimsphäre empfunden werden. An Arm und Hand aber ist die Berührung möglich, und viele Menschen reagieren sehr dankbar darauf.

Und jetzt gehen wir einen Schritt weiter. Ich sitze immer noch am Bett der Patientin. Sie konnte ihr Herz ausschütten, und ich habe mich kurzzeitig in ihr Leid hineingestellt. Ich habe damit die Einsamkeit ihres Leids zumindest zeitweise aufgehoben.

Wer öfter an Krankenbetten sitzt, weiß, dass ein Ausbruch von Kummer, Leid und Verzweiflung mitunter recht heftig sein kann. Aber solche Ausbrüche brauchen, wie alles im Leben, ihre Zeit. Irgendwann kommen die heftigen Gefühle, zumindest vorerst, allmählich zur Ruhe. Im Gespräch entsteht dann manchmal eine Pause. Man spürt: Jetzt beginnt in diesem Gespräch eine neue Phase.

Die Patientin ist jetzt viel ruhiger. Und über was spricht sie? Sie fängt an und spricht über frühere Zeiten, erinnert sich an schöne Erfahrungen aus der Vergangenheit. Sie spricht über ihr Haus, den schönen Garten, den Ehemann, die Kinder. Sie schwelgt förmlich in Erinnerungen – positiven Erinnerungen. Sie erzählt von Freunden, schönen Reisen, beglückenden Erfahrungen mit den Kindern oder im Beruf. Die Worte sprudeln nur so aus ihr heraus. Für eine Weile vergisst die Patientin völlig, dass sie im Krankenhaus liegt. Sie vergisst Schmerzen, Leid, Kummer, Wut. In Gedanken erlebt sie schöne, beglückende Erfahrungen von früher noch einmal. Sie beginnt zu lächeln. Die Augen fangen an zu leuchten. Die Stimme wird fester.

Ich lasse diese Gesprächsphase immer gerne zu und unterbreche sie nicht. Warum? Die Kranke schöpft viel Kraft aus dem Wiedererleben schöner Erinnerungen. Aber ganz wichtig: Sie braucht jemanden, mit dem sie diese Erinnerungen teilen kann! Sie braucht jemanden, der sich dafür interessiert! Oft unterstütze ich darum dieses Schwelgen in Erinnerungen. Ich bündele das, was ich gehört habe, und sage: „Ich glaube, Sie lieben Ihren Garten sehr! Ihre Augen leuchten, wenn Sie von ihm erzählen." Oder: „Sie sind richtig stolz auf Ihre Kinder! Das kann ich gut nachvollziehen. Ich bin auch furchtbar stolz auf meine!" Oder: „Ihr Mann und Sie sind ein gutes Gespann! Sie geben sich gegenseitig so viel an Liebe und Kraft. Das ist ein Geschenk, wissen Sie das?"

Ich sitze also am Bett und erlebe mit, wie die Patientin durch schöne Erinnerungen Kraft tankt. Und dann kommt ein sehr entscheidender Augenblick: Ich schließe an all die schönen Erinnerungen eine erste geistliche Lektion an. Das ist der Augenblick des Bekenntnisses! Wenn die Patientin dem Glauben an Jesus fernsteht, setze ich jetzt bewusst einen Anfang mit Gott.

Wie mache ich das? Ich sage zu ihr: „Liebe Frau Meyer/Müller/Schulze/Krause, ich hätte da einen Tipp für Sie: Wenn das nächste Mal der Kummer und die Verzweiflung über Sie hinwegrauschen, dann bitte: Fangen Sie an zu danken! Danken Sie für Ihr schönes Haus und ihren Garten, den Sie so sehr lieben! Danken Sie für Ihren Mann, der Ihnen so viel bedeutet! Danken Sie für Ihre Kinder, auf die Sie so unsagbar stolz sind! Danken Sie für all dies, wenn Kummer und Entmutigung Sie überwältigen wollen. Sie werden merken: Dann verliert die Verzweiflung einen guten Teil ihrer negativen Kraft. Und es zieht auf die Dauer ein Friede in Ihr Herz. Wissen Sie, es gibt ein Sprichwort, das lautet: ‚Danken schützt vor Wanken, und Loben zieht nach oben!' Ich glaube, dieses Sprichwort enthält viel Wahres. Und darum: Danken Sie Gott, wenn das Leid Sie überschwemmen will. Sie werden merken: Das hilft wirklich!"

Jetzt ist das Stichwort gefallen. Der lebendige Gott ist plötzlich im Spiel. Aber das nicht irgendwie allgemein, sondern individuell auf diese Patientin und ihr Leben ausgerichtet.

Die Patientin sieht mich leicht zweifelnd an: „Gott? Gibt's den überhaupt?" Eine gute Frage! Eine sehr gute Frage! Denn durch diese Frage signalisiert mir die Patientin, dass sie offen für die Antwort ist. Und jetzt kommt der Moment des Bekenntnisses: „Ja, Gott gibt es wirklich!", antworte ich. „Er ist eine Person und nicht nur eine Kraft. Er kennt Sie persönlich. Er sieht Sie auch, wie Sie jetzt gerade hier im Bett liegen. Und Sie sind wertvoll für ihn!"

In wenige Sätze habe ich etliche grundlegende Wahrheiten über den Gott der Bibel gepackt. Ich gebe der Patientin eine gute Portion geistliche Nahrung. Und vielleicht – wenn alles gut läuft – fragt sie zurück: „Woher wissen Sie das?" – „Nun, weil ich es persönlich erlebt habe. Wissen Sie, ich war früher Atheist, ein Gottesleugner. Aber der lebendige Gott hat mich so lange am Kragen gepackt und geschüttelt, bis auch ich endlich begriffen habe, dass er wirklich da ist."

Vielleicht kommt es dann auch noch dazu, dass die Patientin mich fragt, wie das denn alles im Einzelnen gewesen sei. Dann habe ich die einmalige Chance, ihr über meinen Weg zu Jesus zu berichten. Und dann bekommt sie noch mehr geistliche Nahrung. Und ich kann bei Folgebesuchen immer wieder darauf zurückkommen. Der lebendige Gott ist in diesem Augenblick durch mein Bekenntnis in das Leben dieser Frau getreten! Wie schön!

Und ganz wichtig: Das Bekenntnis hat Gewicht! Es hat Glaubwürdigkeit, weil ich mir die Zeit genommen habe, um meiner Gesprächspartnerin wirklich zuzuhören, sie zu begleiten und sie zu verstehen. Das heißt, ich habe ihr gezeigt, dass sie mir wirklich wichtig ist, und das gibt dem Bekenntnis zu Jesus Gewicht.

Oft bitten mich Patienten, sie doch recht bald wieder zu besuchen. Wenn ich irgend kann, sage ich das zu – und halte es ein! Aber bevor ich mich von der Patientin verabschiede, frage ich, ob ich noch mit ihr beten soll. Sehr wenige Menschen lehnen das ab. Einige sagen: „Ja, bitte, beten Sie für mich. Aber nicht jetzt hier mit mir!" Die meisten aber lassen es gerne zu, wenn ich mit ihnen und für sie bete.

Wie sieht so ein Gebet im Allgemeinen aus? Ich schließe meine Augen, lasse mich vom Heiligen Geist leiten und lege mein ganzes Herz in dieses Gebet.

„Lieber himmlischer Vater", sage ich. „Als Erstes danke ich dir für Frau Meyer/Müller/Schulze/Krause." – Ich nenne immer den Namen der Patientin oder des Patienten. „Ich danke dir, dass es sie gibt. Ich danke dir, dass du sie jetzt siehst und kennst und lieb hast. Und ich danke dir vor allem, dass du einen guten Plan für ihr Leben hast. Und jetzt bringe ich sie dir. Du weißt um ihre Schmerzen. Du weißt um allen Kummer und alle Verzweiflung, die sie manchmal schier überwältigen. Und ich bitte dich jetzt, dass du sie segnest. Dass du sie einhüllst in deine Geborgenheit und vor allem: Dass du ihr persönlich begegnest. Bitte lass sie erfahren, dass du wirklich da bist und gern in ihr Leben kommen willst. Bitte erbarme dich über sie! Danke, dass du uns gehört hast!"

Nach Ende des Gebets verabschiede ich mich. Ich verabschiede mich auch bei den Mitpatientinnen. Dann gehe ich und verlasse das Krankenzimmer. Der Besuch hat rund 60 Minuten gedauert. Er hat mich angestrengt und fröhlich gemacht.

Natürlich weiß ich, dass dieses Gespräch nur ein Anfang war. Weitere Gespräche werden – hoffentlich – folgen, in denen ich das Leben dieser Frau näher kennenlernen und weitere seelsorgerische Schritte mit ihr gehen kann. Für heute aber ist es genug. Es ist gut, wenn die Patientin jetzt Zeit hat, das Gespräch in aller Ruhe auf sich wirken zu lassen, zu verarbeiten und ihre Schlussfolgerungen daraus zu ziehen.

6.2 „Womit habe ich das verdient?"

Die Begegnung mit menschlichem Leid ist für jeden Seelsorger eine alltägliche Grunderfahrung. Hinter jeder Bitte um ein seelsorgerisches Gespräch steht Leid. Natürlich kann dieses Leid eine unterschiedliche Intensität und Tiefe haben, aber immer ist es die Erfahrung von Leid, die Menschen dazu treibt, sich einem anderen Menschen – in diesem Fall dem Seelsorger – anzuvertrauen. Es scheint so zu sein, dass Menschen instinktiv spüren, dass es ihnen guttut, eigenes Leid mit einem anderen Menschen zu teilen, denn: Geteiltes Leid ist halbes Leid!

Natürlich hält jeder Mensch, der durch eine Phase des Leids geht, das eigene Leid für besonders schwerwiegend. Und es ist tatsächlich keine leichte Aufgabe, die Schwere von Leid objektiv zu messen. Wir würden, um nur ein Beispiel zu nennen, das Leid eines Vierjährigen, der gerade seinen Teddy verloren hat, wahrscheinlich als belangloses Leid einstufen. Für den betroffenen Vierjährigen aber kann es eine echte Katastrophe sein. Leid will also grundsätzlich immer ernst genommen sein, egal, ob es auf den ersten Blick leicht oder schwer erscheint.

Ich begegne menschlichem Leid im Leben von Schülern in der Schule, im Leben von Erwachsenen in den Wohnbereichen und immer wieder bei Besuchen von Patienten im Krankenhaus. Auch nach vielen Jahren als Seelsorger empfinde ich diese Begegnungen regelmäßig als echte Herausforderung.

Da ist ein Schüler, der mit offenem Rücken (Spina bifida) zur Welt kam. Er begreift, dass er sein Leben lang im Rollstuhl sitzen wird. Vieles von dem, was Jugendliche in seinem Alter ganz selbstverständlich tun, wird er nie tun können. Über seinem Leben liegt ein tiefer Schatten. Wie begegne ich diesem Leid?

Oder stellen wir uns eine junge Frau vor, Anfang zwanzig. Durch einen Verkehrsunfall hat sie einen Unterschenkel verloren und wird nun eine Prothese bekommen. Wenn sie im Sommer an den Strand geht, wird sie auffallen. Auch im Schwimmbad wird sie die Blicke auf sich ziehen. Ihr Leben sollte mit Anfang zwanzig erst richtig losgehen. Und jetzt dies. Wie begegne ich diesem Leid?

Ich bin einiges gewohnt als Seelsorger. Aber an die Begegnung mit zum Teil himmelschreiendem Leid gewöhne ich mich nie, trotz einer gewissen „Professionalität", die sich mit den Jahren eingestellt hat. Menschliches Leid fordert mich! Menschliches Leid fordert mich heraus! Und es kostet Kraft, sich ihm wirklich zu stellen und ihm standzuhalten.

Wie aber schafft man es ganz praktisch, himmelschreiendem Leid standzuhalten? Wenn ein Mensch unter Hunger leidet, kann man ihm Brot geben. Man kann etwas tun. Wenn ein Mensch unter Schmerzen leidet, kann man ihm Medikamente geben, die den Schmerz lindern. Man kann etwas tun. Was aber ist mit einem Menschen, den man x-mal operiert hat, dem man dennoch das Bein abnehmen muss und der dann auch noch seine Frau verliert? Was gibt man ihm, um sein Leid wenigstens teilweise zu lindern?

Begeben wir uns also in Gedanken in das Krankenzimmer eines älteren Mannes. Als ich sein Zimmer betrete, liegt er ganz still in seinem Bett. Wo einmal sein rechtes Bein war, liegt die Bettdecke auf einem hohen Gestell, um zu verhindern, dass sie auf die frische OP-Narbe drückt. Der Mann liegt still in seinem Bett und sieht fern, vielleicht Sport oder eine Seifenoper.

Ich betrete das Zimmer und habe keine Ahnung, wie das Gespräch laufen wird. Ich bewege mich auf „freiem Feld". Ich weiß nur: Gegenüber den Krankenschwestern hat er Interesse am Besuch eines Seelsorgers signalisiert.

Ich habe Glück: Der Mann ist allein im Zimmer. Seine beiden Zimmergenossen werden gerade operiert. So kann ich ungestört unter vier Augen mit ihm reden. „Guten Tag, mein Name ist Möckel", stelle ich mich vor. „Ich bin einer der Klinikseelsorger hier im Haus. Sie hatten um ein Gespräch gebeten. Da bin ich. Was kann ich für Sie tun?"

Das Feld ist eröffnet. Jetzt wird's spannend. Was passiert als Nächstes? Der Mann dreht sich ein wenig zu mir und schaltet den Fernseher ab. „Gut, dass Sie da sind!", sagt er. Auf den ersten Blick wirkt er gelassen, fast abgeklärt.

Er deutet auf die Stelle, wo sein rechtes Bein einmal war. „Ist weg!", sagt er. „Schauen Sie es sich ruhig an! X-mal haben sie dran rumgeschnippelt. Sogar Haut von meinem Rücken haben sie übertragen, um die Wunde endlich zu schließen. Hat aber nicht geholfen. Bein ist ab." Der Mann blickt aus dem Fenster. „Wissen Sie, wie lange ich jetzt in verschiedenen Krankenhäusern zugebracht habe?", fährt er plötzlich fort. „Fast zwei Jahre. Endlos viele Operationen. Und nun ist das Bein doch ab. Warum also das alles? Warum?"

Ich schweige, weil ich spüre, dass da noch mehr kommt. Dass es gut ist, ihm Raum zum Sprechen zu geben. Aber ich weiß: Die Frage nach dem „Warum" sitzt in ihm wie ein Tiger auf dem Sprung. Die Frage wird wiederkommen, und zwar mit Wucht. Ich kann mich jetzt schon darauf gefasst machen.

„Meine Frau hat gesagt", fährt der Mann fort, „dass es heute gute Prothesen gibt, mit denen man richtig laufen kann. Sie hat gesagt, ich soll mir keine Sorgen machen und mich nicht aufgeben. Dafür gäb's keinen Grund. Sie sagte: ‚Du, wir verreisen zusammen, wenn der Stumpf abgeheilt und die Prothese angepasst ist.' Sie hat mir so viel gegeben, meine Christine. Und jetzt?" Der Mann dreht sich zum Fenster, damit ich nicht sehe, dass er weint. „Und jetzt ist sie fort. Tot. Einfach morgens nicht mehr aufgewacht. Die Nachbarin hat sie gefunden. Kinder haben wir ja keine."

Die Verzweiflung des Mannes, seine Hoffnungslosigkeit, das Fehlen jeder Perspektive für die Zukunft, dies alles steht groß und dunkel im Raum. Und ich weiß: Es kommt jetzt darauf an, dass ich mit ihm gemeinsam dieser Dunkelheit standhalte. Einfach standhalte.

Vorsichtig berühre ich seine Hand. Er ergreift sie fest, als hätte er auf sie gewartet. Er spricht weiter und weiter. Immer wieder drückt er meine Hand, lässt sie nicht los. Klammert sich an diese Hand, als wäre sie der letzte Halt, den er hat. Und er wird geschüttelt von unbändigem Schmerz, den das Leid immer in sich trägt. Seine Worte fließen unaufhaltsam aus ihm heraus. Das Leid, an dem er fast erstickt, muss heraus. Leid, für das es keine glatte Erklärung gibt. Leid, das das Leben dieses Mannes ausfüllt bis zum Rand. Und so sitzen wir da. Er im Bett, ich auf einem Besucherstuhl dicht an seinem Bett. Er umklammert immer noch wie ein Ertrinkender meine Hand. Und so halten wir beide dem Leid stand. Wir tun das lange. Am Ende wird es still. Ganz still. Hier sind wir: Zwei kleine Menschen in einem Krankenhaus, die einem unermesslichen Leid gemeinsam standhalten.

Ich sitze da und halte seine Hand. Ich tue das, was auch Hiobs Freunde taten, als sie kamen um ihm in seinem Leid beizustehen. Möchten Sie wissen, was Hiobs Freunde taten?

In Hiob 2,11-13 heißt es:

> *Hiob hatte drei Freunde.* [...] *Sie hörten von dem Unglück, das Hiob getroffen hatte, und verabredeten sich, ihn gemeinsam zu besuchen. Sie wollten ihm ihr Beileid bezeugen und ihn trösten. Schon von fern sahen sie ihn, aber sie erkannten ihn nicht wieder. Da weinten sie laut. Sie rissen ihre Obergewänder ein und warfen Staub in die Luft, dass er auf ihre Köpfe fiel. Dann setzten sie sich zu Hiob auf die Erde. Sieben Tage und Nächte lang blieben sie so sitzen. Keiner sagte ein Wort zu ihm, denn sie sahen, dass der Schmerz sehr groß war.*

Hiobs Freunde kamen und saßen stumm bei ihm, sieben Tage und Nächte lang. Sie waren da und wichen nicht von seiner Seite. Und so hielten sie gemeinsam mit Hiob seinem Leid stand.

Und das möchte ich jetzt sofort festhalten: Wenn wir Menschen helfen wollen, die durch bitteres Leid gehen, dann steht immer dieses an erster Stelle: dass wir einfach da sind. Lange da sind und mit ihnen dem Leid standhalten. Wir müssen es machen wie Hiobs Freunde, die tagelang mit ihm dasaßen und dem Leid standhielten. Später haben Hiobs Freunde dann Fehler gemacht. Aber der Anfang war gut!

Und nun noch etwas: Wenn Sie und ich von handfestem, schwerem Leid getroffen werden, dann haben wir immer Jesus, an den wir uns wenden können. Wir haben Jesus, der größer ist als unser Leid und mit uns weitergehen wird. Aber viele Menschen heute haben das nicht! Sie haben keine persönliche Beziehung zu Jesus. Sie kennen ihn nicht. Und weil das so ist, brauchen sie zuallererst unsere menschliche Nähe. Es ist viel, wenn wir die geben können.

Der Mann blickt mich jetzt direkt an. „Wissen Sie, was ich mich frage?“ Sein Gesicht bekommt einen bitteren Zug um die Mundwinkel. „Ich frage mich: Womit habe ich das eigentlich verdient, dass der liebe Gott mich so straft?“

Diese Frage höre ich sehr, sehr oft: Womit habe ich das verdient, dass der liebe Gott mich so straft? Meist kommt diese Frage, wenn ein Mensch sich sein ganzes Leid von der Seele geredet hat. „Womit habe ich das eigentlich verdient, dass der liebe Gott mich so straft? Wo ich doch nie einem Menschen etwas zuleide getan habe, sondern geholfen habe, wo immer ich konnte!"

Das ist die Frage aller Fragen. Fast alle, die durch tiefes Leid gehen, stellen sie. Es ist die Frage nach der Gerechtigkeit Gottes. Warum ist Gott derart ungerecht zu mir? Selbst hartgesottene Atheisten und Spötter stellen diese Frage. Menschen, die ein ganzes Leben lang ohne Gott gelebt haben, werden an dieser Stelle plötzlich „religiös": Womit habe ich das verdient, dass der liebe Gott mich so straft?

Wenn die ganze Situation nicht so bitterernst wäre, könnte man fast darüber lachen. Denn es steckt eine Menge Scheinheiligkeit in dieser Frage: Den Menschen möchte ich sehen, der wirklich von sich behaupten könnte, dass er noch nie (!) einem Menschen etwas zuleide getan habe. So einen Menschen gibt es nicht, abgesehen von Jesus. Jeden Tag verletzen wir andere Menschen: mit Worten oder Taten, mit Geringschätzung, mit Kälte, mit harten, spitzen Worten.

Da ist es doch gelogen, wenn ein Mensch von sich behauptet, er habe noch nie einem anderen etwas zuleide getan! Und „immer nur geholfen"? Auch das ist eine Aussage, die schlicht gelogen ist! Wie oft bleiben wir anderen Hilfe schuldig? Oft, sehr oft! Aus Bequemlichkeit, aus Gleichgültigkeit, aus kleinlichem Vergeltungsdenken, aus Überheblichkeit. Es ist offensichtlich! Trotzdem wird diese Frage immer wieder gestellt: Womit habe ich das eigentlich verdient, dass der liebe Gott mich so straft? Und warum wird sie immer wieder gestellt? Weil ein Schuldiger gesucht wird, den man für das eigene Leid verantwortlich machen kann, ein Prügelknabe. Gott hat versagt, sagt man. Es wäre ja wohl seine Pflicht gewesen, für die Abwesenheit von Leid zu sorgen. Aber Gott hat versagt! Und darum darf man ihn jetzt anklagen.

Das Verrückte dabei ist, dass diejenigen, die Gott jetzt anklagen und ihm Versagen vorwerfen, Jahre und Jahrzehnte munter ohne ihn gelebt haben. Sie haben ihn mit äußerster Gleichgültigkeit behandelt, als wäre er Luft. Und jetzt, wo tiefes Leid sie trifft, fällt ihnen nichts Besseres ein, als ihn voller Bitterkeit anzuklagen. Sie wollen, dass Gott gefälligst dafür sorgt, dass sie ihr gottloses Leben ungestört fortsetzen können. Sie entlarven sich dabei selbst als Sünder, ohne es zu merken.

Die Frage ist nur: Soll ich all das dem Mann, der da vor mir im Bett liegt, sagen? Soll ich ihm zeigen, wie scheinheilig seine Anklage gegen Gott ist? Soll ich ihn darauf hinweisen, dass er sich gerade selbst als äußerst anmaßender Sünder entlarvt hat?

Ich glaube nicht, dass das zu diesem Zeitpunkt weiterhelfen würde. Jemand, der durch tiefes Leid geht und sich dann plötzlich auf der Anklagebank wiederfindet, reagiert abwehrend, empfindet das als Zumutung. Ich merke mir also dieses schwierige Thema für einen späteren Zeitpunkt vor. Dann kann und muss es angesprochen werden.

Für den Augenblick halte ich darum die Scheinheiligkeit erst einmal aus. Ich verzichte vorerst darauf, klarzumachen, dass Gott kein himmlisches Service-Unternehmen ist, das man nach Belieben einschalten oder wegschicken kann. Ich verkneife mir auch den Hinweis, dass es doch ein reichlich seltsamer Gedanke ist, dass Gott alles Leid von einem fernhalten soll, damit man selbst umso ungestörter gottlos – also ohne ihn – leben kann. Was der Mann im Bett jetzt braucht, ist eine neue Perspektive für die Zukunft. Und die kann ich ihm geben.

„Ich weiß nicht, warum ausgerechnet Sie dieses Leid getroffen hat", sage ich, „aber eins weiß ich: Gott ist wirklich da, und er hat eine gute Zukunft für Sie!" Der Mann blickt mich aufmerksam an, sagt aber nichts. „Also, ich weiß nicht, welche Rolle Gott in den vergangenen Jahren in Ihrem Leben gespielt hat ...", fahre ich fort.

Der Mann verzieht die Lippen zu einem verschmitzten Grinsen: „Naja, große Kirchgänger waren wir nicht ...", murmelt er.

Ich nicke. „Na, da gehören Sie ja zur Mehrheit! Und jetzt möchte ich Ihnen etwas sagen, das mir sehr wichtig ist: Gott ist nicht daran interessiert, dass Sie ihn mit Leistungen beeindrucken. Er zählt nicht nach, wie oft Sie den Gottesdienst besuchen. Er führt auch keine Liste mit Ihren guten Taten. Ihm liegt an etwas anderem: Er möchte in Ihrem Leben wohnen. Und zwar nicht irgendwo in der Rumpelkammer oder möglichst weit außen am Gartenzaun, sondern in der innersten Mitte Ihres Lebens. Da will er hineinkommen, und dort will er wohnen. Er liebt

Sie und möchte, dass Sie ihn auch lieben. Aber er drängt sich nicht auf. Er möchte hereingebeten werden. Dann kommt er wirklich und macht aus Ihrem Leben etwas Neues, Gutes! Er gibt Ihnen eine neue, gute Zukunft. Es ist sogar eine ewige Zukunft. Das heißt, sie beschränkt sich nicht auf die paar Jahre hier auf der Erde! Und wenn er in Ihr Leben kommt, dann haben Sie diese Zukunft. Gott bringt sie gewissermaßen mit. Sie können das persönlich erfahren! Jetzt gerade sieht es für Sie so aus, als wäre Ihr Leben am Ende. Aber mit Jesus bekommen Sie eine neue, reale, gute Zukunft. Jesus würde sie Ihnen so gern geben!"

Nach dem Zuhören, Begleiten, Verstehen und Strukturieren kommt es zum Bekenntnis. Und noch einmal: Das persönliche Bekenntnis hat Gewicht! Es hat Glaubwürdigkeit, weil ich mir die Zeit genommen habe, um meinem Gesprächspartner wirklich zuzuhören, ihn zu begleiten, ihm beizustehen und ihn zu verstehen. Das heißt: Ich habe ihm gezeigt, dass er mir wirklich wichtig ist. Das verleiht dem Bekenntnis zu Jesus sein Gewicht.

Der Mann blickt mich an: „So was höre ich heute zum ersten Mal", sagt er. „Na, dann wurde es ja höchste Zeit", antworte ich.

„Aber warum hat Gott dann all das Schlimme in meinem Leben zugelassen", fragt der Mann. Ich schaue ihn an: „Das weiß ich nicht genau. Aber darf ich Ihnen eine Gegenfrage stellen?" Der Mann nickt. „Nur zu!"

„Mal angenommen, es hätte nie schwerwiegendes Leid in Ihrem Leben gegeben, alles wäre immer prima und glatt gelaufen. Hätten Sie jemals nach Gott gefragt?“ Der Mann starrt mich an, wendet dann seinen Blick ab. Irgendwann lacht er kurz auf. „Wenn ich ehrlich bin: Ich glaube nicht!“

Ich spüre, dass unser Gespräch für heute zu einem Abschluss kommt. Natürlich gäbe es noch viel zu sagen. Ich müsste eigentlich über Schuld und Vergebung sprechen, über Rettung und Verlorenheit, Neugeburt im Heiligen Geist und vieles andere. Aber ich kann nicht alles auf einmal ansprechen. Es wäre zu viel. Ich hoffe auf weitere Gespräche, in denen ich vertiefen und weiterführen kann.

Heute biete ich meinem Gegenüber an, noch für ihn zu beten. Ich möchte, dass er praktisch erlebt, dass Jesus wirklich für ihn persönlich da ist. Der Mann stimmt zu.

So spreche ich im Gebet alles an, was er an Leid erfahren hat: die langen Monate im Krankenhaus, den Verlust des Beins und den Tod seiner Frau. Ich möchte, dass er weiß, dass sein Leid vor Gott wirklich zählt. Ich danke Jesus, dass er mein Gegenüber kennt und liebt und gern in sein Leben kommen würde. Ich danke ihm auch, dass er eine gute Zukunft für meinen Gesprächspartner hat. Ich schließe das Gebet mit der Bitte, dass Jesus meinem Gesprächspartner begegnen, ihn segnen und ihn stärken möge.

Bevor ich den Raum verlasse, frage ich den Mann, ob ich ihn gelegentlich wieder besuchen soll.

Er lächelt und sagt: „Gern!“ Da weiß ich: Heute ist zwischen ihm und mir ein verlässlicher Kontakt gewachsen. Ich möchte diesen Kontakt nutzen, um diesem Mann noch möglichst viel von der rettenden Wahrheit Gottes zu vermitteln.

6.3 „Das macht doch alles keinen Sinn!“

Der junge Auszubildende wirkt verdrossen, als er sich in meinem Arbeitszimmer in den Sessel wirft. Ich lege den Kopf ein wenig auf die Seite und schaue ihn an: „Na, dieser Tag ist für Sie irgendwie nicht nach Wunsch verlaufen ...“, eröffne ich das Gespräch.

„Dieser Tag?“ Der junge Mann schüttelt grimmig den Kopf. „Wenn's nur dieser Tag wäre! Das macht doch alles keinen Sinn!“

Ich schaue ihn erwartungsvoll an: „Was ist passiert?“, frage ich behutsam zurück. „Da war doch was ...!“ Mein Gegenüber sieht immer noch grimmig vor sich hin, nickt dann. „Löten, löten, löten ...“, stößt er schließlich hervor. „Schaltungen auf der Platine löten. Was falsch machen. Von vorne anfangen. Löten, löten, löten. Und immer noch nicht gut genug. Weiter löten, löten, löten. Endlich fertig. Und schon kommen die nächste Schaltung und die nächste Platine. Und wieder: löten, löten, löten. Ich kann kein Lötzinn mehr riechen. Und dann die Ausbilder ...“ Er schüttelt den Kopf. „Das macht doch alles keinen Sinn!“

Ich habe den Satz auf der Zunge, dass Arbeit manchmal die unerwünschte Nebenwirkung hat, anstrengend zu sein, hüte mich aber, diesen Satz auszusprechen. Hinter der Verdrossenheit meines Gegenübers steckt mehr als nur der Frust eines Tages. Ich lasse ihm Zeit und bleibe beim Zuhören.

„Noch ein halbes Jahr, dann kommt die Zwischenprüfung. Dann noch ein Jahr. Dann bin ich fertig. Wenn's gut geht, finde ich einen Job und dann mach' ich weiter. Tag für Tag. Aber wozu das alles? Das hat mir noch keiner sagen können."

„Seit wann haben Sie diese Gedanken?", frage ich zurück. „Waren die immer schon da, oder hat es da einen Anfang gegeben?" Mein Gegenüber sieht mich an: „Seit wann?", fragt er. „Seit ich auf dem Friedhof gestanden habe."

„Auf dem Friedhof?", wiederhole ich überrascht. „Können Sie mir ein bisschen mehr davon erzählen?"

Mein Gegenüber lacht bitter auf: „Einen Moment nicht aufgepasst und *wumm!* Zwei Sekunden abgelenkt und dein Leben ist vorbei ..."

„Ein Freund von Ihnen?"

Er nickt. „Ist jetzt sechs Wochen her. Keiner weiß, wie's genau passiert ist. Er saß allein im Auto. Aus der Kurve geflogen und das war's. Einfach so. Weg. Tot. Ich war bei der Trauerfeier. Stand an seinem Grab. Hab Sand auf den Sarg heruntergeworfen. Hab gedacht: Das war's, mein Lieber. Das war dein Leben! Ich hab' mich echt mies gefühlt."

Ich nicke ihm zu. „Das war bitter. Das kann ich gut nachvollziehen. War es Ihr bester Freund?" Er schüttelt trübe den Kopf. „Ein Freund halt, nicht der beste. Aber darum geht's auch nicht. Als ich da an seinem offenen Grab stand und die Eltern sah, die so furchtbar geweint haben, da kam eine Frage in mir hoch: Was wäre, wenn ich jetzt dort unten läge und er stünde hier oben? Wozu wäre mein Leben dann gut gewesen? Wozu? Echt, mir fiel keine Antwort ein!"

„Und seitdem bewegt Sie diese Frage?" Er nickt.

„Und Sie fragen sich jetzt, warum in aller Welt Sie noch mit der Ausbildung weitermachen sollen?" Er nickt wieder. „Wo doch – zumindest oberflächlich betrachtet – alles egal ist?" Nochmaliges Nicken.

„Wissen Sie was …", fange ich an. Er blickt auf. „Die Erfahrung auf dem Friedhof, die war knallhart. Aber sie hat auch eine gute Seite!"

Der junge Mann lacht bitter: „Eine gute Seite?"

„Ja, ich glaube schon! Ihre Seele hat Ihnen am offenen Grab Ihres Freundes eine Frage gestellt. Und das war eine gute Frage, eine sehr gute sogar! Die Frage lautet: …"

„… Wozu ist mein Leben gut?", vervollständigt mein Gegenüber den Satz.

„Genau! Das ist die Frage: ‚Wozu ist mein Leben gut?' Das ist eine sehr gute Frage. Nur wenige Menschen stellen sie so bewusst und so direkt. Seien Sie Ihrer Seele dankbar, dass sie diese Frage so klar gestellt hat."

Mein Gegenüber sagt nichts. Aber ich spüre, dass meine Worte doch bei ihm angekommen sind. Gemeinsam stehen wir vor der Frage, die nur der Mensch stellt: Wozu ist mein Leben gut? Wozu bin ich auf der Welt? Was für ein Vorrecht, mit diesem jungen Menschen jetzt dieser Frage auf den Grund gehen zu dürfen! Was für ein Vorrecht, jetzt mit ihm tiefer graben zu dürfen und die Länge, Breite und Tiefe dieser Frage zu erforschen und auszuloten!

„Haben Sie eine Ahnung, wo die Antwort auf Ihre Frage zu finden sein könnte?", frage ich.

Er denkt nach, schüttelt dann den Kopf. „Ich habe keine Ahnung!", sagt er ratlos. „So wie es jetzt aussieht, macht gar nichts einen Sinn. Welchen Sinn kann ein Leben haben, wenn es doch mit dem Tod endet? Welchen?"

„Okay, ich verstehe", antworte ich. „Vielleicht hilft es, wenn wir erst mal das Gelände erforschen und herausfinden, ob wir irgendwo wenigstens den Hauch einer Antwort zu fassen bekommen. Im Hinterkopf haben wir dabei immer unsere große Frage: ‚Wozu ist das Leben gut? Wozu bin ich auf der Welt?'" Der Blick des jungen Mannes wird ein wenig fester, entschlossener. „Okay", sagt er, „versuchen wir's!"

„Reden wir als Erstes über Geld!", schlage ich vor. „Soweit ich das beurteilen kann, sind viele Menschen der Meinung, dass viele ihrer Probleme gelöst wären, wenn sie nur über genügend Geld verfügen könnten. Warum sonst würden so viele Leute jede Woche ihren Lottoschein ausfüllen? Nehmen wir also an, Sie hätten sechs Richtige im Samstagslotto und auch die Superzahl wäre die, die Sie getippt hätten! Plötzlich hätten Sie 39 Millionen Euro auf dem Konto. Was wäre dann?"

Mein Gegenüber lächelt. „Dann wäre ich viele Sorgen los", sagt er. „Es wäre das große Glück! Keine Arbeit mehr, keine Vorgesetzten, die was zu melden haben, Riesenwohnung, Reisen, schicker Ferrari vor der Tür, jeden Tag Urlaub. Es wäre gigantisch!"

„Stimmt!", sage ich, „gigantisch! Sie hätten sehr Vieles, wovon andere nur träumen könnten. Und bei 39 Millionen könnte das wohl auch ein Weilchen so bleiben. Aber würde das Geld Ihre Frage beantworten: ‚Wozu ist mein Leben gut? Wozu bin ich auf der Welt?' Würden die 39 Millionen diese Frage automatisch beantworten? Was meinen Sie?"

Mein Gegenüber starrt nachdenklich vor sich hin. Schließlich sagt er: „Es wären viele Probleme gelöst, die ich jetzt habe. Aber die Frage wäre immer noch unbeantwortet. Ich hätte sehr viel Geld. Aber die Frage ‚Wozu bin ich auf der Welt?' wäre nach wie vor offen. Allerdings: Vielleicht würde ich die Frage erst mal nicht mehr stellen. Ich wäre ja mit Geldausgeben beschäftigt."

„Das vermute ich auch", gebe ich ihm recht. „Aber denken wir mal einen Schritt weiter. Nehmen wir an, Sie hätten von all dem vielen Geld Ihr Traumhaus gekauft und den Ferrari in die Garage gefahren. Nehmen wir weiter an, Sie hätten die Welt bereits fünfmal bereist und sich mit Designerklamotten ganz neu eingekleidet. Nehmen wir schließlich auch noch an, Sie säßen eines Abends mit dem Champagnerglas in der Hand in Ihrem 5000-Quadratmeter-Park. Wüssten Sie damit, wozu Ihr Leben gut ist und wozu Sie auf der Welt sind?"

„Ich bin mehr der Biertrinker. Mit Champagner habe ich es nicht so!", grinst mein Gegenüber.

„Oh, sehr gern!", erwidere ich. „Also, Sie sitzen mit Ihrem eisgekühlten Bier in der Hand in Ihrem 5000-Quadratmeter-Park. Hätten Sie damit automatisch die Antwort auf die Frage ‚Wozu bin ich auf der Welt?'?"

Mein Gegenüber lacht. „Nein", sagt er. „Hätte ich nicht! Ich wäre nur etwas reicher. Aber ich wäre genauso ratlos wie heute!"

„Das denke ich auch", antworte ich. Und jetzt lassen Sie uns noch ein Stück tiefer graben: Haben Sie eine Ahnung, warum Ihr Leben – trotz des vielen Geldes – noch genauso sinnlos wäre wie heute?" Der junge Mann lehnt sich im Sessel zurück. „Ja, warum?", sagt er leise. „Warum bloß wäre dann immer noch alles sinnlos? Warum nur?"

Eine Weile kehrt Stille ein. Ich hüte mich, diese Stille zu unterbrechen. Es ist eine produktive Stille.

Schließlich blickt der junge Mann auf: „Ich glaube, ich weiß die Antwort", sagt er dann. „Es wäre immer noch alles sinnlos, weil ich kein Ziel hätte. Ja, ich hätte kein Ziel für mein Leben."

„Genau so ist es!", antworte ich. „Sie entdecken gerade das Geheimnis eines echten Lebenssinns. Ein

Leben wird immer dann sinnvoll, wenn es ein echtes Ziel hat. Sinn und Ziel hängen unmittelbar zusammen. Ohne Ziel kein Sinn im Leben! Das ist die Regel! Was Sie also tatsächlich suchen, das ist ein Ziel, ein großes, gutes Ziel für Ihr Leben. Und wenn Sie das haben, dann wird Ihr Leben sinnvoll. Dann wissen Sie, wozu Sie auf der Welt sind! Dann ist Ihre Frage beantwortet!"

In den Augen meines Gegenübers glimmt etwas auf. Ein Funke Hoffnung. Er pfeift leise durch die Zähne. „Was ich tatsächlich suche, ist ein Ziel", sagt er leise. „Wäre ich nie drauf gekommen!"

„Doch, das sind Sie sogar!", antworte ich. „Ich habe Ihnen nur geholfen, etwas tiefer zu graben."

„Ein Ziel, ein Ziel ...", wiederholt mein Gegenüber. „Was ich brauche, ist ein Ziel. Aber fängt damit die ganze Ratlosigkeit nicht wieder von vorne an, nur anders?"

„Zumindest sieht es erst mal so aus", antworte ich. „Einen Vorteil allerdings haben Sie sich erarbeitet: Sie wissen jetzt genauer, wonach Sie suchen! Und das ist in jedem Fall besser als ein wildes Stochern im Nebel."

„Gehen Sie mit mir auf die Suche?", fragt der junge Mann. „Zu zweit ist es irgendwie leichter als allein."

„Sehr gerne! Die Frage ist nur: Sollen wir jetzt weitermachen oder einen neuen Gesprächstermin vereinbaren? Reichen Ihre Kräfte noch nach einem langen Ausbildungstag? Oder sind Sie eigentlich erschöpft?" Mein Gegenüber grinst schief: „Ich habe Blut geleckt!", sagt er. „Ich würde mir und meinem Leben gern auf die Schliche kommen."

„Also weiter?", frage ich.

Er nickt.

„Okay, dann würde ich vorschlagen, wir nehmen uns ein bekanntes Lebensziel vor und klopfen es ein bisschen auf seine Tragfähigkeit ab", sage ich. „Ich denke, dabei wird einiges klar werden. Was meinen Sie, welches Lebensziel zählt heute zu den gängigsten?"

„Liebe", sagt er spontan. „Liebe und Familie und so ... das große Glück halt."

„Gut, reden wir darüber", antworte ich. „Ich schlage vor, wir gehen vom günstigsten Fall aus! Wir gehen davon aus, dass die Liebe hält, auch über Jahrzehnte, und dass die Familie mit den Kindern nicht irgendwann auseinanderbricht. Wir berücksichtigen also erst mal nicht, dass rund zwei Drittel aller Ehen in Deutschland geschieden werden und entsprechend viele Familien auseinanderfallen. Wir gehen einfach mal von dem günstigsten Fall aus, dass alles prima läuft. Wohin bringt uns das?"

„Na ja", sagt mein Gegenüber gedehnt, „ich würde sagen, da haben zwei Menschen ihr Ziel erreicht: Sie leben in der Liebe zueinander!" – „Stimmt!", antworte ich. „Die beiden sind ein liebendes Paar. Aber jetzt stellt sich die Frage: Wozu sind die beiden – das liebende Paar – da? Wozu sind sie auf der Erde?"

„Na, um ihre Kinder zu lieben, nehme ich an, wenn sie denn Kinder haben“, antwortet mein Gegenüber.

„Gut! Aber schon wieder stellt sich eine ganz ähnliche Frage“, bohre ich nach. „Die Frage lautet: Wozu sind sie als Familie da? Wozu sind sie als Familie auf der Erde? Wozu?“

Nachdenkliches Schweigen.

„Vielleicht, um die Menschen um sie herum zu lieben?“ Mein Gegenüber zuckt etwas ratlos mit den Schultern.

„Okay, aber damit schieben wir die Frage nur eine Station weiter. Jetzt lautet die Frage: Wozu sind sie da, zusammen mit all denen um sie herum, die sie lieben? Wozu sind sie auf der Welt? Diese Frage bleibt, egal wie weit man den Kreis schlägt. Und sie verlangt nach Antwort. Bitte verstehen Sie mich nicht falsch: Es ist wunderbar, wenn das gelingt, dass Menschen sich lieben und diese Liebe dann auch noch über Jahre hinweg aufrechterhalten. Ich will das überhaupt nicht kleinreden. Aber die Tatsache, dass Menschen sich lieben, liefert nicht die Antwort auf die Frage: „Wozu sind wir Menschen da? Wozu sind wir auf der Welt?“

Mein Gegenüber nickt zögernd. „Die Sache ist schwieriger, als ich dachte“, sagt er leise.

„Nun kann man diesen Faden sogar noch ein bisschen weiter ausspinnen“, gebe ich zu bedenken. „Wenn Menschen sich für andere engagieren, in der Diakonie vielleicht oder in der Politik, um das Zusammenleben der Menschen zu verbessern, dann tun sie unstrittig etwas Gutes. Aber am Ende des Tages stehen sie wieder vor derselben Frage: Wozu bin ich und wozu sind all die Menschen da, für die ich mich engagiere? Wozu sind sie, wozu sind wir alle auf der Welt?“

„Ich verstehe“, sagt der junge Mann langsam. „Vielleicht gibt es ja gar keine Antwort auf die Frage nach dem großen Ziel des Lebens. Vielleicht sind alle Ziele zu klein, die man so ansteuern kann. Vielleicht hatte ich doch mit meiner Vermutung recht, dass sowieso alles keinen Sinn macht.“

„Sind Sie sicher?“, frage ich zurück. „Ich würde etwas vorsichtiger formulieren: In dieser Welt gibt es keine Antwort.“ Mein Gegenüber mustert mich skeptisch. „Kommt jetzt der liebe Gott ins Spiel? Mit dem habe ich nichts am Hut!“

„Ich dränge Sie zu nichts!“, erwidere ich. „Aber versuchen wir, unseren Gedanken zu Ende zu denken. Es gibt da eine kleine Schrift, nur ein paar Seiten lang, die heißt: ‚Kleiner Westminster Katechismus‘. Darin geht es um die wichtigsten Dinge des Glaubens. Und dort findet sich eine interessante Antwort auf unsere Frage. Sie lautet: ‚Das Hauptziel des Menschen ist es, Gott zu verherrlichen und sich für immer an ihm zu erfreuen.‘ Damit will ich sagen: ‚Das Hauptziel – hier ist also von dem Ziel die Rede, nach dem wir beide suchen – jedes Menschen ist es, seine Begeisterung und seine Liebe zu Gott mit seinem ganzen Leben auszudrücken und sich für immer an ihm zu erfreuen.‘ Und jetzt wollen wir nur mal für sechzig

Sekunden (ich denke, das halten Sie aus!) annehmen, es gäbe Gott wirklich. Würde uns dann der Satz aus dem Westminster Katechismus eine Antwort auf die Fragen liefern: ‚Wozu ist mein Leben gut? Wozu bin ich auf der Welt?'"

Mein Gegenüber schweigt. Dann sieht er mich an. „Wenn es Gott gäbe, dann wäre das ein klares Ziel. Ich nehme auch an, es wäre ein Ziel, das groß genug ist. Ich wäre dann mit meinem ganzen Leben dazu da, um meine Begeisterung über und meine Liebe zu Gott auszudrücken und mich für immer an Ihm zu erfreuen."

Ich nicke ihm zu: „Aber was würde das für Ihr Leben bedeuten? Ganz praktisch, meine ich!" Der junge Mann stützt sein Kinn auf seine Hand. „Ich nehme mal an, auch mein derzeitiger Beruf, den ich gerade lerne, würde eine Rolle spielen beim ‚Gott-Verherrlichen'", sagt er. „Gott käme sogar beim Löten meiner Platinen ins Spiel. Ich würde die blöden Dinger so perfekt zusammenlöten, wie ich nur könnte. Schließlich würde ich ja auch damit meine Liebe und Begeisterung Gott gegenüber ausdrücken. Aber auch mein Umgang mit den Vorgesetzten, mein Umgang mit den Ausbildern wäre berührt und sogar mein Umgang mit allen anderen in der Abteilung. Überall würde ich versuchen, mit meinem Verhalten auch meine Liebe und Begeisterung für Gott auszudrücken. Alles in meinem Leben würde sich auf dieses eine große Ziel ausrichten: Gott zu verherrlichen und mich für immer an Ihm zu erfreuen. Und …", er seufzt, „… mit diesem Ziel käme ich wohl nie an ein Ende. Denn Begeisterung und Liebe für Gott ausdrücken könnte ich ja immer. Ich käme nie an ein Ende damit. Ja, das wäre ein Ziel! Aber ich kann nun mal nicht an Gott glauben."

„Das macht erst mal nichts", erwidere ich. „Ich denke, wir sollten jetzt erst mal nur dies eine festhalten: In der Welt um uns herum findet sich keine tragfähige Antwort auf die Frage: ‚Wozu ist mein Leben gut? Wozu bin ich auf der Welt?' Antwort findet sich nur, wenn man über den Tellerrand dieser Welt hinausblickt. Antwort findet sich nur, wenn Gott persönlich ins Spiel kommt! Dann ergibt alles einen Sinn! Und Sie haben noch einen entscheidenden Vorteil dabei. Vorhin haben Sie gesagt: Welchen Sinn kann ein Leben haben, wenn es doch mit dem Tod endet? War es nicht so? Nun, also: Wer in der Liebe zu Gott lebt und ihn mit seinem ganzen Leben verherrlicht, dessen Leben endet nicht im Grab auf dem Friedhof. Dessen Leben geht durch den Tod wie durch eine Zwischenstation hindurch und weiter in Gottes unmittelbare Gegenwart ins ewige Leben. Derjenige lebt in Gottes Gegenwart, um ihn eine ganze Ewigkeit lang zu verherrlichen und sich an ihm zu erfreuen. Verstehen Sie: Verglichen mit der Ewigkeit ist Ihr Leben hier auf der Erde nur ein kurzer Augenblick."

„Ja, aber ich glaube eben nicht an Gott."

Ich hole tief Luft. Denn jetzt kommt der Augenblick des Bekenntnisses! „Okay", sage ich, „dann setze ich jetzt mal Ihrem Nicht-glauben-können meinen

Glauben entgegen. Ich sage: Es gibt ihn wirklich, auch wenn Sie das gerade jetzt noch für völlig unmöglich halten. Es gibt ihn wirklich, den ewigen, persönlichen Gott, der unsere Welt und das uns umgebende Universum erst plante und dann entstehen ließ. Er ist wirklich da. Ich stehe mit meiner Person dafür ein. Auch Sie können ihn kennenlernen. Und wenn das geschieht, wird Ihr Leben plötzlich Sinn machen."

Mein Gegenüber sieht mich zweifelnd an: „Und wie soll es Ihrer Meinung nach dazu kommen?"

„Ich mache Ihnen einen Vorschlag: Ich gebe Ihnen jetzt ein ganz kurzes Gebet. Wenn Sie wollen – das ist völlig Ihnen überlassen –, beten Sie es jeden Tag immer wieder, und zwar so ehrlich, wie Sie es gerade können." – „Und wie lautet das Gebet?" – „Es ist sehr einfach! Es lautet: ‚Gott, wenn es dich wirklich gibt, dann möchte ich dich kennenlernen.' Das ist alles. Beten Sie dieses Gebet, wenn Sie allein und ungestört sind! Tun Sie das immer wieder! Es würde mich sehr wundern, wenn Gott darauf nicht reagieren würde. Tatsächlich wartet er längst darauf, dass Sie sich an ihn wenden."

Mein Besucher schweigt. Dann sagt er: „Ich werde darüber nachdenken. Danke, dass Sie sich so viel Zeit für mich genommen haben."

Als mein Besucher gegangen ist, lasse ich das Gespräch noch einmal an mir vorüberziehen. Wieder wird mir deutlich, wie wichtig es ist, die Fragen und Anliegen, die meine Gesprächspartner haben, ganz ernst zu nehmen und genau dort anzusetzen.

Sie haben dann zu Recht den Eindruck, dass ich sie sehr ernst nehme und gemeinsam mit ihnen sorgfältig über das nachdenke, was sie umtreibt. An irgendeiner Stelle hat dann das Bekenntnis zu Jesus seinen Platz. Man kann darauf warten. Diese Stelle zeigt sich! An dieser Stelle kann dann das Bekenntnis zu Jesus ansetzen und seine Wirkung entfalten, weil es individuell auf den einzelnen und seine Lebenssituation hin zugeschnitten und formuliert wird.

6.4 „Ich hasse diese Einsamkeit!"

Die junge Frau blickt mich herausfordernd und ein bisschen unsicher an. „Wahrscheinlich bin ich ein hoffnungsloser Fall!", sagt sie und zuckt mit den Schultern. „Aber schaden wird's ja wohl nicht, wenn ich hier mal ein bisschen jammere", fügt sie selbstironisch hinzu. Ich schaue sie mit großen Augen an.

„Sie machen mich neugierig", erwidere ich. Sie lacht bitter.

„Ja, wirklich? Aber viel Schönes habe ich nicht zu bieten, nur Frustration und Ratlosigkeit, davon allerdings jede Menge."

„Okay", gebe ich zurück. „Da bin ich ja jetzt vorgewarnt. Aber ich mache Ihnen einen Vorschlag: Wir schauen jetzt gemeinsam auf Ihre Frustration und Ihre Ratlosigkeit und nehmen uns ganz viel Zeit dafür. Wir dröseln alles sorgfältig auf und finden heraus, was los ist in Ihrem Leben."

Sie nickt stumm und starrt vor sich hin. Mit den Gedanken scheint sie weit weg zu sein. Irgendwann hebt sie den Kopf. „Ich bin der einsamste Mensch, den Sie sich vorstellen können.“ Sie holt tief Luft, dann stößt sie hervor: „Und ich hasse diese Einsamkeit! Ich hasse sie, wie ich nur hassen kann.“ Jetzt laufen ihr Tränen übers Gesicht. Aber es sind nicht Tränen der Trauer oder des Schmerzes. Es sind Tränen unbändiger, blitzender Wut.

Diese junge Frau, so wird mir in diesem Moment klar, ist eine starke Persönlichkeit. Aber sie hat auch ein Problem. Eines, das so groß ist, dass sie es trotz der Stärke ihrer Persönlichkeit nicht in den Griff bekommt.

Durch ihre Tränen blickt sie mich unverwandt an. „Wenn Sie mich sehen könnten, zusammen mit den anderen Azubis hier im Haus, dann würden Sie wahrscheinlich denken: Wo ist ihr Problem? Sie würden mich sehen, wie ich mit anderen rede und lache und Blödsinn mache. Sie würden vielleicht denken: Warum redet diese Frau von Einsamkeit? Die ist doch bestens vernetzt. Alles in Ordnung.“ Sie lacht wieder, bitter und hoffnungslos. „Ja, so würde es aussehen. Aber die Wahrheit ist: Ich bin unter all den Leuten da unglaublich einsam. Sie sind Lichtjahre von mir entfernt.“

Ich staune. Diese junge Frau hat wirklich Mut: Sehr direkt, ohne jeden Umweg offenbart sie ihre größte seelische Not. Was für ein Vorrecht, dass sie ausgerechnet mir ihr Vertrauen geschenkt hat. Ich spüre die Verantwortung, mit diesem kostbaren Geschenk sehr sorgfältig und behutsam umzugehen.

„Das klingt ziemlich schrecklich“, erwidere ich. Sie nickt gedankenverloren. „Es *ist* schrecklich. Und ich bin froh, dass ich das alles hier mal so aussprechen darf. Ich trage dieses dunkle Geheimnis schon so lange mit mir herum und habe es unsagbar satt.“

Was ist mit diesem jungen Menschen los? Ich weiß es nicht. Der Garten ihres Lebens ist mir so gut wie unbekannt. Ich beschließe, mich mit ihr auf den Weg zu machen und ihren Lebensgarten so gut wie möglich kennenzulernen.

„Wie ist das“, frage ich nach, „wenn Sie mitten unter Menschen sind und scheinbar guten Kontakt zu ihnen haben? Was erleben Sie dann? Wie fühlt sich das an?“ Sie starrt eine Weile vor sich hin, dann blickt sie auf. „Ja, wie ist das?“ Sie überlegt und streicht sich eine Haarsträhne aus dem Gesicht. Dann fährt sie fort: „Ich misstraue ihnen allen. Heute sind sie die besten Freunde – sagen sie. Morgen verlassen sie dich ohne ein Wort. Und wenn du echt mal in die Klemme gerätst, dann bist du ganz allein. Dann steht keiner von ihnen zu dir. Keiner! Und dann kommt sie: die Einsamkeit.“

Ich frage nach: „Ist diese Einsamkeit immer da oder nur manchmal?“ Sie überlegt, scheint in sich hineinzuhorchen. „Ich glaube“, sagt sie dann, „sie ist immer da. Aber wenn ich beschäftigt bin, spüre ich sie nicht so. Dann kann ich darüber hinwegsehen und vergesse sie für eine Weile. Aber wenn irgendwas auf mich zukommt, dem ich mich nicht gewachsen fühle, dann kommt sie mit Wucht und bricht über mir zusammen. Dann fühle ich mich, als wäre ich der einzige Mensch im Universum: total allein, ausgeliefert, hilflos." Ihr Gesicht wird hart.

Ich bin unsicher: Wie sehr darf ich sie jetzt noch belasten? Wo sind ihre Grenzen? Ich beschließe, ihr noch eine Frage zu stellen, auch wenn ich sie damit möglicherweise noch mehr belaste. „Darf ich Ihnen noch eine Frage stellen?", fahre ich darum fort. „Wenn es zu viel wird, sagen Sie es bitte sofort!"

Sie nickt. „Alles gut. Passt schon!"

„Wie ist das bei Ihnen", frage ich jetzt. „War diese Einsamkeit immer schon da oder tauchte sie erst zu einem bestimmten Zeitpunkt auf? Und wenn es diesen Zeitpunkt gab, was war es für ein Zeitpunkt? Und was ist da passiert?" Sie stützt ihr Kinn in ihre Hand und überlegt. Dann sagt sie: „Diese Einsamkeit war in meinem Leben, solange ich denken kann. Es gab sie irgendwie schon immer. Und nein, da war kein Zeitpunkt, wo sie zum ersten Mal auftauchte. Sie war schon immer Teil meines Lebens. Und immer habe ich sie gehasst!"

Ein Blick auf meine kleine Tischuhr zeigt mir, dass wir schon mehr als eine Stunde miteinander sprechen. Für heute ist es genug. Aber einfach das Gespräch zu beenden und den Stecker herauszuziehen, geht auf keinen Fall. Ich muss einen guten Abschluss finden.

„Vielleicht", sage ich, „können wir für heute an dieser Stelle einen Schnitt machen." Ich sehe ihr ins

Gesicht. „Ich habe viel verstanden heute. Ich habe einen starken Eindruck davon bekommen, wie sehr Ihr Leben von dieser Einsamkeit bestimmt und belastet wird. Ich weiß heute auch noch nicht, woher diese Einsamkeit kommt. Aber ich verstehe sehr gut, dass Sie sie hassen. Wenn Sie wollen, werden wir in den nächsten Gesprächen versuchen, die Ursache dieser quälenden Einsamkeit herauszufinden. Ich bin auf jeden Fall weiter für Sie da und lasse Sie auf keinen Fall im Stich. Sie können sich darauf verlassen!"

Die junge Frau lächelt. „Sie sind der Erste, mit dem ich über all das spreche. Ich bin froh, dass es alles mal herauskommen darf. Ja, ich würde gerne die Gespräche mit Ihnen fortsetzen. Wann könnte das denn sein?" Ich sehe sie aufmerksam an. „Brennt es sehr?" frage ich. „Sollen wir uns sehr bald wiedersehen?" Sie nickt nervös. „Wenn's geht ..."

Ich blättere in meinem Terminkalender. „Dauert es zu lange, wenn wir uns in drei Tagen wiedersehen?" Sie nickt: „Nein, nein, das reicht. Vielen Dank!"

„Ich möchte jetzt noch eine kleine Sicherung einbauen", füge ich rasch hinzu. „Wenn morgen oder übermorgen wieder eine Einsamkeitswelle über Sie hinweggrollen sollte, rufen Sie mich bitte sofort an. Meine dienstliche Handynummer hängt ja überall im Haus aus. Und dann werde ich alles daran setzen, dass wir uns sehr rasch sehen können. Ich möchte, dass sie wissen, dass Sie nicht alleingelassen und ausgeliefert sind."

Als wir uns nach drei Tagen wiedersehen, wirkt die junge Frau bedrückt und in sich gekehrt. „Wie ist es Ihnen in den letzten drei Tagen ergangen?“ frage ich vorsichtig. „Möchten Sie darüber sprechen?“

„Nicht gut!“ erwidert sie leise. „Wir hatten eine schriftliche Prüfung, an sich kein großes Problem. Leider ging es um Rechnungswesen. Da bin ich keine besonders helle Leuchte.“ Sie zwingt sich zu einem Lächeln. „Schon am Abend vorher ging's mir schlecht. Ich hab unruhig geschlafen. Und am Morgen hatte mich die Einsamkeit voll im Griff. Die Prüfung ist danebengegangen. Katastrophe. Ich war wie blockiert.“ – „Hatten Sie sich nicht vorbereitet?“, frage ich nach. „Doch hatte ich“, sagt sie tonlos. „Aber alles, was ich draufhatte, ging in einem Schwall von Verlassenheit unter.“

„Können Sie die Prüfung wiederholen?“ – „Ja, schon. Aber wenn ich dann wieder so blockiert bin, kann ich's auch gleich lassen.“

Während ich ihr weiter zuhöre, frage ich mich: Was ist das, was in dieser jungen Frau abläuft, wenn die Einsamkeit sie überfällt? Woher kommt dieses überwältigende Gefühl, verlassen und ausgeliefert zu sein? Laut sage ich: „Ich würde Sie gern etwas fragen: Was sagt das Gefühl genau, das Sie da vor der Prüfung überfallen hat? Welche Botschaft bringt es mit? Können Sie darüber sprechen, oder ist das zu persönlich?“

Die junge Frau sieht mich einen Moment forschend an. Dann erwidert sie: „Das Gefühl sagt:

Du bist allein. Ganz allein. Niemand wird dir helfen. Und das zu Recht! Denn du zählst nicht. Du bist unwichtig. Andere zählen etwas, du nicht. Es interessiert niemanden, wie es dir jetzt geht. Du bist allein und ausgeliefert und niemanden interessiert das. Sieh zu, wie du klarkommst. Für dich gibt es keinen Beistand."

Die Worte der jungen Frau sind erschütternd. Was muss sie erlebt haben, dass eine so kalte, bösartige und negative Botschaft sich derart in ihr festsetzen konnte und sie permanent quält? Und wie robust muss ihre Seele sein, dass sie unter dieser infamen Botschaft nicht längst zerbrochen ist?

„Das ist eine fürchterliche Botschaft", sage ich. „Bitte überlegen Sie doch mal: Wo haben Sie diese Botschaft schon mal gehört? Wo? Und wann?"

Sie kommt ins Grübeln. Dann schüttelt sie den Kopf. „Nirgends", sagt sie. „Nirgends! Kein Mensch hat je so etwas zu mir gesagt. Jedenfalls nicht, dass ich wüsste."

Ich bin ratlos. Irgendwann und irgendwo muss diese Botschaft in ihr Leben getreten sein und ihre zerstörerische Macht entfaltet haben. Aber weder die junge Frau noch ich wissen wann und wo. Es kehrt eine Stille ein, die ich nicht unterbreche. Es ist, als müsse da noch etwas kommen.

Nach einer Weile hebt die junge Frau den Kopf und sagt: „Nein, niemand hat das je zu mir gesagt. Und doch habe ich das unbestimmte Gefühl, dass diese Botschaft mir vertraut ist, so schrecklich sie auch sein mag. Sie wirkt so vertraut, als würde ich sie schon lange kennen."

Ich frage: „Wo führt diese Botschaft Sie hin, wenn Sie ihr innerlich nachspüren?"

Aber sie hört meine Frage gar nicht. Sie hat die Augen geschlossen, als wolle sie jetzt nicht abgelenkt werden.

Irgendwann öffnet sie die Augen und sagt: „Mir ist eingefallen, wo ich dieser Botschaft begegnet bin. Sie wurde nie mit Worten gesagt, aber sie war trotzdem real."

Es ist deutlich spürbar, dass wir dem Geheimnis ihrer Einsamkeit in diesem Augenblick zum Greifen nahe gekommen sind.

„Wo war das?", frage ich.

„Wir waren drei Geschwister", antwortet sie. „Mein Vater hat uns verlassen, da war ich noch kein Jahr alt. Ich habe keine Erinnerung an ihn. Meine Mutter musste sehen, wie sie klarkam und uns großzog. Sie hat hart gearbeitet, aber als Friseurin hat sie halt nicht viel verdient. Wenn sie nach Hause kam, war sie meistens gereizt und müde. Sie hatte keine Lust, sich meine Sorgen anzuhören. Ich war doch die Kleine. Was konnte ich schon für Sorgen haben? Aber ich hatte Sorgen! Und ich hatte auch Angst! Immer wieder habe ich versucht, mich meiner Mutter anzuvertrauen. Aber irgendwann habe ich gemerkt: Sie hat kein Interesse, keine Kraft, keine Zeit, mich anzuhören und mir beizustehen. Irgendwann habe ich das verstanden und aufgegeben."

Sie sieht mich voller Schmerz an. „Da kommt sie her, die Botschaft: Du bist allein. Ganz allein. Niemand wird dir helfen. Du bist allein und ausgeliefert und niemanden interessiert das. Sieh zu, wie du klarkommst. Für dich gibt es keinen Beistand. – Das ist die Quelle! Das hat meine eigene Seele damals zu mir gesagt."

Ich begreife. Die junge Frau ist in einer Atmosphäre von Desinteresse und Gleichgültigkeit aufgewachsen. Wie jedes Kind hatte sie Nöte und Ängste, fand aber in ihrer Familie niemanden, der sie mit ihr besprochen und durchgestanden hätte. So setzte sich das Gefühl in ihr fest, unwichtig, wertlos, verlassen und ausgeliefert zu sein. Und immer dann, wenn sie vor Herausforderungen stand, die ihr Angst machten, setzte diese destruktive Botschaft wieder ein und überschwemmte sie. Wie hatte sie das bloß all die Jahre ausgehalten?

Die junge Frau erzählt dann noch lange von ihrer Familie, ihrem Leben und ihren Erfahrungen. Ganz allmählich fügt sich mein Bild vom Garten ihres Lebens zusammen.

Als wir nach einer Woche wieder zusammenkommen, sitzt eine gut gelaunte junge Frau vor mir. „Danke, viel besser", antwortet sie auf meine Frage, wie es ihr gehe. „Die Attacken der Einsamkeit kommen zwar nach wie vor. Aber immerhin weiß ich jetzt, woher sie kommen. Ich habe ein bisschen Distanz zwischen sie und mich gebracht. Das hilft schon ein wenig."

„Gut", sage ich. „Wir haben miteinander einen ganz schön weiten Weg zurückgelegt. Heute würde ich gern die Dinge bündeln und dann fragen, wie es jetzt für Sie weitergehen könnte. Sollen wir das so machen? Oder haben Sie andere Dinge auf dem Herzen, die doch dringlicher sind?“

Die junge Frau lächelt: „Ist okay, bündeln wir!“

Ich lächele zurück. „Auf geht’s! Ich bin sehr froh, dass das Geheimnis Ihres Lebens gelüftet ist. Wenn ich das richtig verstanden habe, liegen die Wurzeln Ihrer Einsamkeit in den Jahren Ihrer Kindheit. Den Eindruck, unwichtig, wertlos, verlassen, hilflos und ausgeliefert zu sein, haben Sie tief in sich aufgenommen. Sie lebten in einer Atmosphäre, die ihnen – ohne Worte – genau diese Botschaft vermittelt hat. Das war Ihr Alltag. Und der hat sich tief in Ihre Gefühlswelt eingeprägt. So tief, dass Sie seitdem jedem Menschen mit einem anfänglichen Misstrauen gegenübertreten. Die Erfahrungen Ihrer Kindheit waren derart stark und prägend, dass Sie sie unbesehen auf andere Menschen übertragen haben. Sie erwarten nichts anderes, als immer wieder unwichtig, wertlos, verlassen, hilflos und ausgeliefert zu sein. Bei jeder neuen Herausforderung ist darum diese totale und schier hoffnungslose Einsamkeit über Sie hereingebrochen.“

Die junge Frau nickt.

„Nun gibt es eine Schwierigkeit“, fahre ich fort. „Sie wissen jetzt zwar, woher Ihre Probleme kommen. Das heißt aber nicht, dass sie damit automatisch überwunden sind. Klar, es ist eine gewisse Distanz zu den prägenden Erfahrungen in Ihrer

Familie geschaffen worden. Das ist gut! Aber wirklich entschärft sind sie damit noch nicht. Sie erleben ja selbst, dass die Attacken der Einsamkeit nicht aufgehört haben. Die Frage ist also: Welche praktischen Schritte können Sie jetzt tun, um den Bann der zerstörerischen Botschaft zu brechen, die sich in Ihrem Leben breitgemacht hat?"

Sie blickt mich interessiert an. „Verstehe. Was für Schritte könnten es denn sein?"

„Ich möchte Ihnen einen Vorschlag machen", erwidere ich. Die junge Frau nickt. „Gerne."

„Sie haben als Kind erlebt, dass die wichtigsten Personen in Ihrem Leben sich als unzuverlässig erwiesen haben. Ihr Vater hat die Familie verlassen und kam nicht wieder. Ihre Mutter hat sich – wahrscheinlich aus purer Überforderung – kaum um Sie gekümmert. So kam es, dass Sie den Eindruck gewannen, als Person unwichtig, wertlos, verlassen und ausgeliefert zu sein. Dieser Eindruck hat Ihre Gefühle in Besitz genommen und Sie bis heute gesteuert. Ich möchte Sie darum auf eine Person aufmerksam machen, die Sie gut kennt, also Ihr gesamtes Leben überblickt und absolut zuverlässig ist: Sie haben einen Vater, der ganz anders ist, als Ihr Vater und Ihre Mutter es je waren: den Vater im Himmel."

Mein Gegenüber macht große Augen. „Sie machen Witze", sagt sie. „Sprechen Sie etwa von Gott?" – „Genau", erwidere ich. „Er ist wie ein Vater zu denen, die ihm ihr Leben geöffnet haben. Aber anders als irdische Väter und Mütter macht er keine

Fehler. Und was am wichtigsten ist: Er lässt einen niemals im Stich, wenn man aus irgendwelchen Gründen in die Klemme gerät. Wenn Sie eine persönliche Beziehung zu ihm eingehen und Ihr Leben mit ihm leben, würde er den Bann der zerstörerischen Botschaft brechen, die jetzt noch Ihr Leben beherrscht – einfach durch seine Gegenwart."

Die junge Frau sieht mich ungläubig an. „Also, ehrlich gesagt, Gott hat in meinem Leben bisher überhaupt keine Rolle gespielt. Und gemerkt habe ich bisher auch noch nichts von ihm. Er scheint mir eher eine Erfindung religiöser Menschen zu sein, mehr nicht."

Ich nicke ihr freundlich zu. „Schon klar. Ich verstehe, was Sie meinen. Mir geht's jetzt aber erst mal nur um eines: Nur mal *angenommen*, es gäbe Gott wirklich, er wäre eine Person und nicht nur eine Kraft und Sie könnten eine persönliche Beziehung zu ihm haben: Wäre ein Leben mit ihm ein gangbarer Weg, um den Bann der negativen Botschaft zu brechen, die Ihr Leben besetzt hält?"

Die junge Frau überlegt. Nach einer Weile sagt sie: „Wenn es Gott wirklich gäbe und er tatsächlich so wäre, wie Sie ihn beschrieben haben, ja, dann wäre das ein gangbarer Weg. Aber", sie lächelt mich kopfschüttelnd an, „es gibt ihn eben nicht. So sehe ich das jedenfalls."

„Gut", erwidere ich, „damit sind die Positionen abgesteckt. Ich respektiere das. Aber wir halten auch fest: Wenn es Gott wirklich gäbe, wäre eine persönliche Verbindung zu ihm die Lösung Ihres Problems."

Die junge Frau nickt.

„Okay“, fahre ich fort, „dann würde ich jetzt gerne noch eines tun: Ich würde gern Ihren Atheismus ein bisschen herausfordern. Wären Sie dafür noch offen heute?“ Sie blickt mich etwas zweifelnd an, antwortet dann aber: „Ja, schon.“

„Wunderbar. Dann möchte ich gern Folgendes sagen: Ihre Worte von eben hätten auch meine Worte sein können, als ich ungefähr so alt war wie Sie, vielleicht ein bisschen jünger: ‚Gott hat in meinem Leben bisher keine Rolle gespielt. Gemerkt habe ich bisher auch nichts von ihm. Er ist eine Erfindung religiöser Menschen, mehr nicht.‘ So ungefähr hatten Sie es doch eben gesagt.“

Sie sieht mich gespannt an und nickt. Ich fahre fort: „Ich war damals sehr sicher, dass Gott eine religiöse Illusion ist. Das änderte sich erst, als ich ihm selbst begegnete.“ Der Blick der jungen Frau ist skeptisch. „Was soll das heißen? Hatten Sie eine Vision?“

„Nein. Ich traf Christen. Zufällig. Und ich konnte nicht fassen, dass sie wirklich glaubten, was sie glaubten. Ich hielt sie für religiöse Dinosaurier. Ich fand, sie müssten eigentlich längst ausgestorben sein. Ich sagte ihnen das auch.“

Die junge Frau lacht. „Wie haben sie reagiert?“

„Ziemlich gelassen. Dann sind wir uns öfter über den Weg gelaufen, haben auch manches zusammen unternommen. Wir hatten Diskussionen, die auf meiner Seite recht hitzig geführt wurden. Ich habe provoziert. Das ging mehrere Jahre so. Aber nie sagten sie: ‚Es reicht!' Sie begegneten mir mit einer Liebe, die eben keine Attitüde war. Die war authentisch. Über lange, lange Zeit."

„Und dann?", fragt die junge Frau gespannt.

„Dann geschah etwas: Ich begriff, dass diese Leute etwas hatten, das ich eindeutig nicht hatte. Etwas, für das ich kein Wort hatte, das aber absolut real war. Etwas unglaublich Schönes und Kraftvolles. Ich sah es in ihrem Leben. Und ich verstand: Das war es, was sie anders sein ließ. Und ich spürte: Ich wollte genau das haben, was sie hatten. Es zog mich unwiderstehlich an."

„Interessant", sagt mein Gegenüber. „Wie ging es weiter?"

„Dann", fahre ich fort, „geschah noch etwas. Etwas, mit dem ich nun wirklich überhaupt nicht gerechnet hatte. In meiner Seele kam eine machtvolle, massive Sehnsucht nach Gott auf, von dem ich zu diesem Zeitpunkt noch gar nicht wusste, ob es ihn überhaupt gab. Dieser Sehnsucht hatte ich nichts entgegenzusetzen. Sie kam von innen und ließ sich nicht aufhalten. Ich fing an, mit aller Kraft nach Gott zu fragen und zu suchen. Mein Leben nahm eine völlig neue Wendung. Das ging so lange, bis ich ihn gefunden hatte." Ich lächle die junge Frau an. „Ende der Ansprache."

Sie blickt mich nachdenklich an. „So etwas höre ich heute zum ersten Mal. Eine ungewöhnliche Erfahrung."

„Stimmt“, erwidere ich. „Ich habe damals erlebt, dass Gott viel größer war als mein Atheismus. Und darum, wenn Sie irgendwann offen dafür sind: Sprechen Sie ihn an, wenn Sie allein in ihrem Zimmer sind. Sagen Sie ihm: ‚Gott, wenn es dich irgendwo da draußen gibt, dann hilf mir bitte, dich kennenzulernen.‘ Gott wird auf dieses Gebet reagieren. Wann und wie, weiß ich nicht. Er macht es immer anders, als ich es mir ausdenke. Aber er wird Ihnen in irgendeiner Weise begegnen, sodass Sie genau merken: Jetzt habe ich es mit Gott zu tun.“

Die junge Frau sieht mich ernst an. „Ich werde darüber nachdenken. Aber wenn ich mich dagegen entscheide, können wir unsere Gespräche hier trotzdem fortsetzen?“

„Das“, erwidere ich, „können wir in jedem Fall tun. So lange, wie Sie es wünschen, werde ich Sie durch Ihr Leben begleiten.“

Ohne Gott – ein Lebensentwurf mit Risiken. Eine Analyse.

Ein Internet-Blogger schreibt: „Vor vielen Jahren sagte mir eine Bekannte, dass sie sich nicht vorstellen könne, Christ zu werden. Dadurch wäre man völlig eingeschränkt, müsste regelmäßig beten oder Gottesdienste besuchen, könnte sich nicht mehr frei entfalten und das tun, was man gerade will."[5]

Viele Menschen würden diesem Statement ohne Umschweife zustimmen. In ihrem Lebensentwurf ist Gott nicht vorgesehen. Selbstverständlich nicht. Wieso auch?!

---

5 Leben ist mehr, Kalenderblatt vom 15.09.2017; https://www.lebenistmehr.de/leben-ist-mehr.html?datum=15.09.2017

Nicht immer ist aber denen, die sich so positionieren, von vornherein klar, auf was sie sich bei diesem Lebensentwurf einlassen. Oft zeigt sich erst nach Jahren, dass ein Lebensentwurf ohne Gott schwieriger ist, als es sich zu Beginn darstellte. Tatsächlich hält dieser Lebensentwurf eine Reihe von Schwierigkeiten bereit, deren Lösung alles andere als einfach ist. Zusätzlich enden einige Wege dieses Lebensentwurfs unversehens irgendwo im Nirgendwo. Es lohnt sich darum, diesen Lebensentwurf etwas genauer zu betrachten.

Sinnlosigkeit

Menschen, die einem Lebensentwurf ohne Gott folgen, haben ein Sinnproblem.

Der bekannte Psychologe Viktor Frankl schrieb einmal: „Die Krankenhäuser sind überfüllt mit Menschen, die an einer neuen Form von Neurose erkrankt sind: der Wahrnehmung von totaler und ultimativer Sinnlosigkeit in ihrem Leben."[6]

Natürlich können sie Erfüllung im Beruf erleben und in liebevollen Beziehungen geborgen sein. Sie können sich künstlerisch betätigen (zum Beispiel in der Musik, im Handwerk oder in der Malerei). Sie können ausgedehnte Reisen unternehmen, die Welt entdecken und dabei aufregende Abenteuer erleben.

---

6 http://www.sermonillustrations.com/a-z/m/meaninglessness.htm

Sie können sportlich aktiv sein, sich sozial oder politisch engagieren und dabei positive Erfahrungen machen, die ihrem Leben (zumindest zeitweise) einen Sinn verleihen.

Allerdings können diese Erfahrungen ihrem Leben keinen dauerhaft tragenden Sinn vermitteln. Sie erweisen sich als brüchig. Der Berufsalltag ist keineswegs immer erfüllend. Beziehungen, die mit der großen Liebe begannen, versanden allzu oft und allzu schnell im Alltag. Reisen sind von begrenzter Dauer, soziales und politisches Engagement hält vielerlei Frustrationen bereit, und selbst Sport und Kunst haben ihre Grenzen. Immer wieder erhebt die Sinnlosigkeit ihr graues Haupt.

Bohrende Fragen

Selbst wenn alles gerade optimal läuft, klopft die Sinnlosigkeit unüberhörbar an die Tür und stellt bohrende Fragen:

Was ist die Bedeutung deines einmaligen, einzigartigen und so nicht wieder vorkommenden Lebens? Was ist der Sinn deines Lebens, wenn es doch nach sieben oder acht Jahrzehnten endet und endgültig vorbei ist? Was ist der Sinn deines Lebens, wenn doch der Planet Erde eines Tages ein Ende finden und nicht mehr existieren wird, ohne dass „das Universum ihm auch nur eine Träne nachweinen wird" (Albert Einstein)? Was ist die Bedeutung deines kleinen Lebens, das neben Milliarden anderer Menschenleben auf der Erde zu schierer Bedeutungslosigkeit zusammenschrumpft? Wie sinnvoll kann dein Leben sein, von dem im Endeffekt nichts, aber auch gar nichts bleibt?

Ein begrenztes Leben in einer begrenzten Welt kann nur begrenzte Sinnangebote liefern. Jeder Mensch trägt aber die Sehnsucht nach einem Lebenssinn in sich, der über alle Begrenzungen hinausgeht. Jeder Mensch fragt nach einem Lebenssinn, der über sein begrenztes irdisches Dasein hinausreicht.

Seit einigen Jahren ist es nun aber aus der Mode gekommen, nach einem wirklich tragenden Sinn des Lebens zu fragen und zu suchen. Menschen, die es wagen, nach einem umfassenden Sinn ihres Lebens zu fragen, werden oft genug mitleidig belächelt.

Woran liegt das?

Viele Menschen haben die Suche nach einem Sinn, der über ihr begrenztes Leben hinausreicht, längst aufgegeben. Sie sind überzeugt, dass es so einen umfassenden Lebenssinn nicht gibt und nicht geben kann. Sie setzen auf kurzlebige Sinnerfüllung oder schlicht auf die Erfahrung von Spaß, aber die Suche nach dem großen Lebenssinn haben sie aufgegeben. Sie haben resigniert und schauen darum mitleidig auf die, die noch immer auf der Suche sind.

Aber sie kommen nicht wirklich zur Ruhe.

Eine alte Sehnsucht

Tief in ihnen gärt die alte Sehnsucht nach dem großen Sinn für ihr Leben. Sie haben diese Sehnsucht in sich verschlossen. Sie haben sie für sich selbst tabuisiert. Sie haben, bildlich gesprochen, schwere Betondeckel auf diese Sehnsucht gewälzt, um sie niederzuhalten. Aber je länger sie das tun, umso stärker drängt die Sehnsucht nach oben. Vielleicht machen sie dann eines Tages eine dramatische Erfahrung der Sinnlosigkeit: Sie stehen am offenen Grab des Menschen, den sie am meisten geliebt haben. Dann kann es geschehen, dass die geknebelte Sehnsucht plötzlich die schweren Betondeckel abwirft und mit ungeheurer Wucht ins Bewusstsein drängt. Dann ist sie wieder da, größer und stärker als jemals zuvor.

Die Frage „Wozu in aller Welt lebe ich? Was ist die Bedeutung meines einzigartigen Lebens?“ stellt sich dann neu und drängender als je zuvor. Aber sie haben keine Antwort, und sie hatten auch nie eine. Sie stehen vor einem dunklen Rätsel, und sie verzweifeln.

Der bekannte Schriftsteller Mark Twain schrieb einmal: „Unzählige Menschen werden geboren. Sie arbeiten und schwitzen und kämpfen. Sie streiten und schimpfen und zanken. Sie rangeln um kleine, bedeutungslose Vorteile. Dann schleicht das Alter an sie heran. Gebrechen folgen. Diejenigen, die sie lieben, werden ihnen genommen und die Freude des Lebens wandelt sich in Trauer. Am Ende verschwinden sie aus dieser Welt, in der sie nichts von Bedeutung bewirkt haben. Die Welt wird sie einen einzigen Tag betrauern und dann für immer vergessen."[7]

Menschen, die einem Lebensentwurf ohne Gott folgen, haben ein Sinnproblem.

Wie sieht das nun in einem Lebensentwurf mit Gott aus? Was wird dort aus der Sinnfrage?

Eine besondere Beziehung

Ein Lebensentwurf mit Gott gestaltet sich so, dass es zu einer persönlichen Beziehung des Einzelnen zu Gott in Person kommt. Diese ist geprägt von Vertrauen, Ehrfurcht und Liebe.

Was aber ist das Besondere an dieser Beziehung? Sie gestaltet sich so, dass jeder, der sich auf diese Beziehung einlässt, auf die Größe, Schönheit, Güte und Freundlichkeit Gottes reagiert. Er fängt an und ehrt Gott mit seinem Leben. Er gestaltet seinen ganz normalen Alltag so, dass Gott in allem geehrt wird.

Der Kleine Westminster Katechismus[8] fasst es, wie bereits erwähnt, in diese Worte: „Hauptziel des Menschen ist es, Gott zu verherrlichen und sich für immer an ihm zu erfreuen."

---

7 http://www.sermonillustrations.com/a-z/m/meaninglessness.htm

8 https://www.bucer.org/fileadmin/_migrated/tx_org/mbstexte061.pdf

Der Sinn eines Lebens mit Gott besteht darin, dass der Mensch, also ein begrenztes, geschaffenes Wesen, eine Beziehung der Liebe und des Vertrauens zu einem unbegrenzten, nicht geschaffenen, unsagbar machtvollen, ehrfurchtgebietenden und liebenden Wesen bekommt: Gott. Die Beziehung zu ihm findet nicht in irgendwelchen abgehobenen Sphären statt, sondern im Kleinen, auf der Ebene unseres Alltags. Jedes noch so kleine Detail des Lebens bekommt einen klaren Sinn, weil es in der Beziehung zu Gott eine Rolle spielt.

Damit ist klar: Der Lebenssinn, der sich aus der Beziehung zu Gott ergibt, ist nicht von beruflichem Erfolg, Wohlstand, Gesundheit oder Besitz abhängig. Er ist allein von Gott in Person abhängig. Je länger die Beziehung besteht und je weiter sie sich entwickelt, umso tiefer wird auch der Lebenssinn. Er durchdringt und erfüllt immer mehr und immer tiefere Bereiche der menschlichen Persönlichkeit.

Misserfolg im Beruf, Armut, Krankheit oder bittere Niederlagen können diesen Lebenssinn zwar belasten, aber niemals zerstören.

Ein unzerstörbarer Lebenssinn

Das bedeutet: Wer eine persönliche Beziehung zu Gott eingegangen ist, wird zwar möglicherweise auch Phasen des Leids erleben, aber nicht den Sinn seines Lebens verlieren. Selbst wenn die Zeit des Alters heranrückt und Einschränkungen und Krankheiten kommen, bleibt sein Leben dennoch sinnerfüllt. Denn der, von dem dieser Lebenssinn allein abhängt, hat Bestand. Gott stirbt nicht. Er ist ewig.

Jeder Mensch sehnt sich in den Tiefen seines Herzens nach einem Lebenssinn, der über die Grenzen seines irdischen Lebens hinausreicht. Genauer: Jeder Mensch *braucht* einen Lebenssinn, der über die Grenzen seines irdischen Lebens hinausreicht, und zwar dringend. Denn das begrenzte, irdische Leben allein kann immer nur begrenzte Sinnerfüllung auf Zeit bieten. Mehr nicht. Der Mensch aber ist ein Lebewesen, das mehr will und mehr ersehnt. Er ist auf die Beziehung zu dem ewigen und unendlichen Gott angelegt und kommt darum auch nur in der Beziehung zu Gott innerlich zur Ruhe. Ein bekannter Theologe des vierten und fünften Jahrhunderts hat einmal gesagt: „Unruhig ist unser Herz, bis es Ruhe findet in dir, o Gott.“[9]

Ohne persönliche Beziehung zu Gott kann das Leben eines Menschen nicht dauerhaft mit tragendem Sinn erfüllt werden.

Schuld

Menschen, die einem Lebensentwurf ohne Gott folgen, haben ein Problem mit Schuld.

---

9 https://www.zitate.eu/autor/hl-aurelius-augustinus-zitate/117286

Schuld ist etwas Tückisches. Sie wiegt schwer, und ihr Gewicht nimmt im Laufe der Jahre zu. Jede ausgesprochene Unwahrheit zieht Schuld nach sich. Mit jedem harten Wort, jeder Beschimpfung, jeder Beleidigung und jedem Hassausbruch nimmt Schuld zu. Jedes gebrochene Versprechen, jedes nicht bewahrte Geheimnis, jede Verleumdung, jeder Diebstahl – sie alle vermehren Schuld. Jede Grausamkeit, Treulosigkeit und Unehrlichkeit, jede Täuschung, Arroganz und Lieblosigkeit trägt zur Anhäufung von Schuld bei.

„Aber das tun doch alle!"

Manche sagen: „Aber das tun doch alle! Das ist doch bei allen so! Wo ist das Problem?"

Das Problem besteht darin, dass bei allen das Ausmaß der Schuld wächst und wächst. Damit nimmt auch das Gewicht zu, das die Schuld auf die Seele jedes Einzelnen legt. In einem Lebensentwurf ohne Gott kennt die Kurve der Schuld nur eine Richtung: nach oben.

Sicher, das eine oder andere Unrecht kann wiedergutgemacht werden. Man kann sich auch entschuldigen, um Vergebung bitten und diese (hoffentlich) erhalten. Aber die Erfahrung zeigt: Der allergrößte Teil der Schuld bleibt. Denn viele Verfehlungen können eben nicht wiedergutgemacht werden. Sie sind geschehen und können nicht rückgängig gemacht werden. Das ist tragisch.

In einem Dorf soll sich vor Jahren einmal folgende Geschichte zugetragen haben[10]: Durch üble Nachrede wurde der Ruf eines Mannes zerstört. Als dieser irgendwann herausfand, wer das Gerücht über ihn verbreitet hatte, suchte er ihn auf, ohne ihm gleich zu sagen, warum er ihn sprechen wollte. Er bat ihn, ihn zur Dorfkirche zu begleiten. Mit dabei hatte er außerdem einen Sack voller Daunenfedern. Gemeinsam stiegen sie auf den Kirchturm. Dort schüttete der Verleumdete den Sack voller Federn aus und der Wind trug sie in alle Himmelsrichtungen. Dann stellte er seinem Gegenüber die Frage: „Was meinen Sie? Wird es möglich sein, alle Federn wieder einzusammeln und hier in den Sack zu stecken?" – „Natürlich nicht", war die Antwort. „Aber warum fragen Sie?" – „Nun", erwiderte ihm der Geschädigte, „so unmöglich wie es ist, die Federn wieder hier in den Sack zu sammeln, so unmöglich wird es sein, meinen guten Ruf wieder herzustellen, den Sie durch eine falsche Behauptung über mich zerstört haben."

Dazu kommt nun noch etwas anderes: Menschen tendieren dazu, eigene Schuld zu leugnen, auf andere abzuschieben oder schlicht zu verdrängen. So sammelt sie sich unaufhörlich an, und die Last auf der Seele nimmt kontinuierlich zu.

---

10 https://gloria.tv/share/eCXQdtzpbDuN2nGZiChGQPnxS

Ein rotes Warnlämpchen

Schuld ist wie ein rotes Warnlämpchen, das im Armaturenbrett des Autos aufleuchtet. Man kann dann entweder anhalten und die Ursache beseitigen oder das Warnlämpchen zerstören. Das hört sich verrückt an. Wer sollte so etwas Widersinniges tun? Und doch tut es jeder, der dem Übernehmen von Verantwortung für Schuld aus dem Weg geht.

Viele Menschen nehmen zunächst kaum wahr, dass sie das tun. Aber mit den Jahren beginnen sie, das Gewicht unbewältigter Schuld zu spüren. Immer wieder müssen sie an hässliche Dinge denken, für die sie die Verantwortung tragen. Der Sänger und Liedermacher Manfred Siebald beschreibt das in einem seiner Songs mit treffenden Worten. Er spricht davon, dass Versprechen, die längst vergessen sind, Bitten, die nicht angehört wurden, Fehler, die sich irgendwann gerächt haben und Unrecht, um das sich keiner gekümmert hat, erinnert werden. Darüber ist kein Gras gewachsen, sondern spätestens an dem „Wintermorgen" von Gottes letztem Gericht wird jedem ins Gedächtnis zurückgerufen werden, was er getan hat.[11]

Schuld hat Gewicht. Und je länger ein Mensch lebt, umso mehr Kraft muss er aufwenden, um dieses

---

11 Manfred Siebald: Wie ein klarer Wintermorgen. https://www.youtube.com/watch?v=TztX0TS9jZk

Gewicht tagtäglich zu stemmen. In einem Lebensentwurf ohne Gott gibt es keine Möglichkeit, Schuld wirklich zu bewältigen.

Das hat Auswirkungen. Ein mit Schuld belastetes Leben wird schwer. Es verliert seine Leichtigkeit. Ganz allmählich nimmt auch der innere Zwiespalt im Leben zu.

Ein beschädigtes Gewissen

Es geschieht noch etwas anderes: Das Gewissen nimmt Schaden. Wenn Schuld dauerhaft geleugnet, versteckt oder verdrängt wird, hat das eine zerstörerische Wirkung auf das Gewissen. Das Empfinden für Wahr und Unwahr, Richtig und Falsch, Gut und Böse stumpft ab und erstarrt Schritt für Schritt. Unrecht wird nicht mehr (so deutlich) empfunden. Das wirkt zunächst entlastend, ändert aber nichts an der Tatsache, dass sich immer mehr Schuld ansammelt – eine schier ausweglose Situation.

Solange Menschen im Berufsleben stehen, gelingt es ihnen oft, durch stete Betriebsamkeit ihre Schuld zu verdrängen. Aber wenn der Ruhestand kommt und nun viel mehr Zeit zur Verfügung steht, steigt in ihnen das dumpfe, unklare Gefühl auf, dass irgendetwas ganz grundsätzlich mit ihrem Leben nicht stimmt. Oft kommen sie nicht darauf, dass es die Berge unbewältigter Schuld sind, die dieses dumpfe Gefühl bewirken. Sie wissen nicht weiter.

In einem Lebensentwurf ohne Gott gibt es keine Möglichkeit, das Problem der Schuld zu bewältigen. Das ist kein Wunder. Im Islam wird Schuld von Allah zwar (hoffentlich) übersehen, aber nicht bewältigt. Hinduismus und Buddhismus verschieben die Bewältigung der Schuld in zukünftige Wiedergeburten, bewältigen sie aber auch nicht. Und die westliche Psychologie kennt zwar Schuld*gefühle* und kann sie bearbeiten, hat aber keine Lösung für die Schuld an sich.

Kein Wunder also, dass Menschen bei der Frage nach der Bewältigung ihrer Schuld ratlos mit den Schultern zucken.

Echte Schuldbewältigung

Es gibt nur einen einzigen Ort, an dem echte Schuldbewältigung angeboten wird: bei Jesus.

Jesus hat mehr als einmal gesagt, dass er eigens dafür gekommen sei, um sein Leben als Sühneopfer für die Schuld der Menschen zu geben.

Das war alles andere als eine wilde religiöse Spekulation. Jesus war besonders. Seine Person war besonders. Sein Leben war besonders. Er erwies sich vor den Menschen als der Sohn Gottes. Seine Macht über die Kräfte der Natur, über Krankheit und Tod war legendär und brachte selbst ärgste Zweifler ins Staunen. Viele sahen ihn. Aber er gefiel nicht allen. Manche wurden zu seinen glühenden Feinden. Und am Ende geschah genau das, was Jesus angekündigt hatte: Er gab sein völlig einmaliges Leben als Sohn Gottes aus freien Stücken weg. Er starb den fürchterlichsten Hinrichtungstod, den man damals kannte: die Kreuzigung.

Ein ungeheurer Gegenwert

Was war das Leben des Gottessohnes wert? Genug, um einen ungeheuren Gegenwert für die Massen von menschlicher Schuld zu schaffen. Jesus sühnte mit seinem Leben Berge von menschlicher Schuld.

Klar, manche Menschen lehnen jede Form von Religion für sich ab und stehen Jesus darum kritisch gegenüber. Das ändert aber nichts daran, dass es nur bei Jesus eine echte Bewältigung von Schuld gibt. Wer dieses Angebot zur Schuldbewältigung ablehnt, kann das selbstverständlich tun. Er sollte sich aber bewusst sein, dass er damit das einzige vorhandene Angebot zur Bewältigung seiner Schuld ablehnt. Dann bleibt ihm nur das Tragen der stetig wachsenden Last der Schuld. Bis zum Schluss.

Was aber passiert, wenn Menschen das sühnende Sterben des Gottessohnes Jesus für sich annehmen und Vergebung (und damit echte Schuldbewältigung) persönlich erfahren?

Gewaltige Befreiung

Es geschieht eine gewaltige Befreiung. Tonnen belastender Schuld heben sich von der Seele und kehren nicht mehr zurück. All die Kräfte, die über Jahre und Jahrzehnte im Tragen von Schuld gebunden waren, werden jetzt mit einem Schlag frei. Das wird besonders dann geradezu körperlich spürbar, wenn die Vergebung von einem/r anwesenden Seelsorger/in laut zugesprochen wird. Jahrzehntealte Schuld wird bewältigt, eine einschneidende Erfahrung. Es ist keine Kleinigkeit, von der allerhöchsten Instanz für immer freigesprochen zu werden.

Eine Schwierigkeit allerdings gibt es: Es ist nicht einfach, eigene Schuld, die sich über Jahre hinweg angesammelt hat, vor Gott konkret beim Namen zu nennen. Dieser Augenblick der Wahrheit kann sehr demütigend sein. Man sieht sich dann ungeschminkt, realistisch, ohne Täuschungen. Das kann sehr hart sein. Umso befreiender ist dann aber die Erfahrung der Vergebung.

Und was geschieht dann? Dann geschieht etwas sehr Kostbares: Das Tor zu einer Beziehung zu Gott, das bis dahin komplett durch Schuld blockiert war, öffnet sich weit. Gott in Person betritt das Leben und füllt es mit seiner Gegenwart.

Zukunftsverlust

Vor ein paar Jahren wurde in einem Tal in den USA ein Staudamm gebaut. Nun gab es natürlich Leute, die in diesem Tal wohnten, und die – so viel war klar – würden das Tal verlassen müssen, wenn es so weit war, denn ihre Stadt würde untergehen. Und nun geschah etwas Interessantes: Als der Beschluss über den Bau des Staudamms einmal gefasst war, begann die Stadt zu verfallen. All die Häuser, die vorher von ihren Bewohnern liebevoll gepflegt worden waren, verkamen jetzt. Aus einer schönen kleinen Stadt wurde ein Schandfleck in der Landschaft. Warum geschah das? Einer der Bewohner fasste es in diese Worte: „Wenn keine Zukunft mehr da ist, dann passiert auch in der Gegenwart nichts mehr.“[12]

Menschen brauchen Zukunft. Sonst verkommt ihr Leben. Aber Menschen, die einem Lebensentwurf ohne Gott folgen, haben ein Problem mit der Zukunft.

Begrenzte Zukunft

Das Problem besteht darin, dass ihre Zukunft begrenzt ist, um nicht zu sagen: ausgesprochen knapp.

12 Michael Green (Hrsg.), Illustrations for Biblical Preaching, Grand Rapids, Michigan, 1990, S. 194 (Übersetzung durch den Autor)

Sie wissen, dass ihre Lebenszeit grob geschätzt etwa achtzig Jahre umfassen wird. Mehr ist – realistisch betrachtet – nicht zu erwarten. Natürlich gibt es Einzelne, die ein Alter von neunzig oder gar hundert Jahren erreichen. Aber das sind eben nicht viele. Sie fallen kaum ins Gewicht.

Es stehen also rund 80 Jahre an Lebenszeit zur Verfügung. Das ist die gesamte erwartbare Zukunft. Allerdings ist selbst diese Zeitspanne noch einmal eingeschränkt. Etwa ab dem sechzigsten Lebensjahr lassen die Kräfte nach. Krankheiten treten häufiger auf. Gesundheitliche Probleme schränken den Lebenskreis ein. Für einen Erwachsenen von zwanzig Jahren beläuft sich die einigermaßen sicher planbare Zukunft auf etwa vierzig Jahre.

Alles muss sich innerhalb von diesem Zeitraum abspielen. In dieser Zeitspanne muss das Maximum aus dem Leben herausgeholt werden. Und die Zeit läuft. Jeden Tag nimmt die verfügbare Zukunft unaufhaltsam ab. Geld kann – mit etwas Glück – vermehrt werden, aber Zeit nicht. Zukunft auch nicht. Die werden kontinuierlich weniger.

Alles muss funktionieren

Dies alles zu wissen und täglich vor Augen zu haben, bedeutet einen erheblichen Druck für jeden, der einem Lebensentwurf ohne Gott folgt. Er muss es schaffen, die verfügbare Zeit optimal zu nutzen. Alles muss funktionieren. Störungen im reibungslosen Ablauf bedeuten Verlust von kostbarer Lebenszeit und die Verschwendung von Zukunft. Es tritt eine Hektik ins Leben, ein stetes Getriebensein, bloß keine Zeit zu verlieren. Ängste kommen auf:

Habe ich den richtigen Beruf gewählt, in dem ich mich bestmöglich verwirklichen kann? Habe ich den Arbeitsplatz, der optimal zu mir passt? Habe ich den richtigen Ehe- bzw. Lebenspartner, die richtigen Beziehungen, die richtigen Freunde, die mein Leben nach vorne bringen? Habe ich die Weichen in meinem Leben richtig gestellt oder stehe ich im Begriff, etwas zu verpassen?

Solche Fragen können verunsichern. Immer wieder stellt sich die beunruhigende Frage, ob man aus seinem Leben auch wirklich das Maximum herausholt oder nicht.

Keine quadratische Gleichung

Hinzu kommt ein weiteres Problem, das den inneren Druck nicht unerheblich verstärkt:

Niemand kann das eigene Leben ausrechnen wie eine quadratische Gleichung. Es geschehen völlig unvorhergesehene Dinge: Misserfolge im Beruf gefährden Aufstieg und Karriere. Zeiten der Arbeitslosigkeit führen Brüche in der Erwerbsbiografie herbei. Beziehungskrisen belasten immens und verbrauchen eine Unmenge an Zeit und Kraft. Unerwartet können Krankheiten auftreten, die das Leben bedrohen.

All diese Ereignisse bedeuten Leid und Stress und kosten Zeit: Zeit, die verloren ist. Zeit, die nicht wieder zurückgeholt werden kann. Das Ziel, möglichst das Maximum aus der Lebenszeit herauszuholen, ist bedroht. Der innere Druck erhöht sich dadurch weiter.

Instabile Beziehungen

Eine besondere Schwierigkeit kommt in Beziehungen auf: Jede Ehe, jede Lebenspartnerschaft kennt Phasen, in denen die Beziehung eher Last als Lust ist. Wer unter dem Druck steht, in begrenzter Zeit möglichst viel aus dem Leben herausholen zu müssen, wird in Beziehungskrisen relativ schnell die Frage stellen, ob es nicht besser wäre, die Beziehung zu beenden. Sie scheint ja ein Hindernis auf dem Weg zu maximaler Lebenserfüllung zu sein. Folglich geben viele in Beziehungskrisen auf, steigen aus der Beziehung aus und steuern eine neue, bessere Beziehung an. Da aber auch in der neuen Beziehung Krisen unvermeidlich sind, wächst die Bereitschaft, auch hier beizeiten die Reißleine zu ziehen. So reihen sich verhältnismäßig oberflächliche Beziehungen aneinander. Dies blockiert tiefe, befriedigende Beziehungen, die nur dort zu finden sind, wo Krisen gemeinsam und ausdauernd durchgestanden werden.

Bleierne Resignation

In der letzten Lebensphase nach Eintritt in den Ruhestand nimmt der innere Druck noch einmal erheblich zu. Jetzt wird akut spürbar, dass einem die Zeit davonläuft. Zudem machen sich körperliche Einschränkungen und Gebrechen deutlicher bemerkbar. Sie weisen unmissverständlich darauf hin, wie knapp die zur Verfügung stehende Zukunft geworden ist. Bei manchen löst das Zynismus, Verzweiflung oder auch Depressionen aus. Die Sanduhr des Lebens läuft unverkennbar durch. Das Ende jeglicher Zukunft kommt in Sicht. Wer einem Lebensentwurf ohne Gott folgt, kann dieser Tatsache nur mit bleierner Resignation begegnen. Eine wirkliche Lösung gibt es nicht.

Unbegrenzte Zukunft

Ein Lebensentwurf mit Gott hingegen ist ein Lebensentwurf mit Zukunft! Das hängt damit zusammen, dass Gott ewig ist. Er ist das Leben in Person. Und dieses Leben ist ewig. Ohne Begrenzung. Ohne Ende.

In der nunmehr 4000-jährigen Geschichte Gottes mit seinem Volk Israel kamen und gingen viele Menschen. Er aber blieb. Blieb immer derselbe. Blieb immer der Ewige. Ohne Begrenzung. Ohne Ende.

In der Geschichte Gottes mit Menschen weltweit, die ihm vertrauten und eine persönliche

Beziehung zu ihm eingingen, war es genauso: Er zeigte sich als der Lebendige. Der Ewige. Ohne Begrenzung. Ohne Ende.

Das heißt: Wer immer durch Jesus eine verbindliche Beziehung zu Gott eingeht, geht eine Beziehung zu einem Leben ein, das ewig ist. Völlig endlos. Wer Gott die Tür seines Lebens öffnet, lässt mit ihm ewiges, unbegrenztes Leben hinein. Dadurch hat er Zukunft, und zwar unabhängig davon, wie sein Leben auf der Erde im Detail läuft. Wer sich auf Gott einlässt, wird ewig. Seine Zukunft ist grenzenlos. Diese Zukunft wird auch durch den leiblichen Tod nicht abgebrochen. Sie geht nach dem Schritt über die schmale Schwelle des Todes unverändert weiter.

Tod (und damit begrenzte Zukunft) sind immer das Problem derjenigen, die Gott als Konkurrenten und Bedrohung ihrer Freiheit empfinden und sich darum von ihm emanzipieren. Sie emanzipieren sich damit von Zukunft und Leben. Sie begrenzen ihre Zukunft auf ein paar Jahrzehnte. Sie liefern sich selbst dem Tod aus. Der Tod ist eine Nebenwirkung der Trennung von Gott.

Ewiges Leben heute

Wo aber zeigt sich das ewige, unbegrenzte Leben, das untrennbar zu Gottes Wesen gehört? Es zeigt sich zuerst heute und jetzt im Leben derer, die Gott lieben. Hier ist ein Beispiel:

Es ist der 13. Juni 1853. Der Waisenhausgründer Georg Müller in der englischen Stadt Bristol steht vor einer schier unlösbaren Herausforderung. Er ist verantwortlich für 1500 Waisenkinder, hat aber kein Geld, sie zu ernähren. Müller schreibt über diesen Tag:

> Wir waren nun sehr arm. Ich hatte zwar noch 12 Pfund in der Kasse. Aber wir mussten dringend Mehl besorgen: 10 Sack brauchten wir allein an Mehl. Es fehlte auch an Seife. Im Haus waren die Handwerker an der Arbeit, um dringend nötige Reparaturen vorzunehmen. Auch die warteten auf ihr Geld. Dazu kamen die üblichen laufenden Ausgaben von 70 Pfund pro Woche. Am Samstag war auch noch der große Heißwasserkessel kaputtgegangen und musste umgehend instand gesetzt werden, was wiederum 25 Pfund verschlingen würde. Insgesamt brauchten wir 100 Pfund sofort.
>
> Als ich an diesem 13. Juni, einem Montag, durch die belebten Straßen Bristols zum Waisenhaus ging, sprach ich mit dem Herrn im Gebet. Ich schilderte ihm unsere Lage und bat ihn darum, uns viel Geld zu schicken. Und so kam es auch. Ich bekam an diesem Morgen 300 Pfund geschenkt. Es war mehr, als wir brauchten.

> Die Freude, die ich empfand, kann ich nicht beschreiben! Ich ging in meinem Zimmer unaufhörlich auf und ab. Tränen der Freude und der Dankbarkeit liefen mir über das Gesicht. Ich lobte Gott von ganzem Herzen und stellte mich ihm neu zum Dienst zur Verfügung. Die Erfahrung der Güte und Freundlichkeit überwältigte mich.[13]

Das ewige, unbegrenzte Leben, das untrennbar zu Gottes Wesen gehört, zeigt sich im Leben derer, die Gott lieben. Gott handelt in ihrem Leben: Konkret. Praktisch. Alltagsbezogen.

Eine machtvolle Demonstration

Vor allem aber zeigt sich das ewige Leben in der leiblichen Auferweckung Jesu von den Toten. Die Auferstehung Jesu ist eine machtvolle Demonstration des unbegrenzten, ewigen Lebens, das allein bei Gott zu finden ist.

Jesus starb real knapp außerhalb der Stadtmauern Jerusalems an einem Hinrichtungskreuz, das römische Henker für ihn errichtet hatten. Er wurde ebenso real in ein leeres Grab gelegt und dort in

---

13 Answers To Prayer, von Georg Müller, https://www.wholesomewords.org/biography/bmuller8.html

Leinentücher eingenäht. Am dritten Tag verließ er – wiederum sehr real – auf eigenen Füßen sein Grab, auferweckt zu einem neuen Leben. Hier sind einige der Gründe, warum das so sicher ist.[14]

1. Jesus sagte seine Auferstehung zu seinen irdischen Lebzeiten voraus.
2. Das Alte Testament (also der erste Teil der Bibel) sagte seine Auferstehung ebenfalls voraus.
3. Sein Felsengrab war nach seiner Auferstehung leer. Die Leinentücher, in die man ihn eingenäht hatte, ebenso. Wenn seine Gegner die Nachricht von seiner Auferstehung hätten stoppen wollen, hätten sie lediglich seinen Leichnam präsentieren müssen. Aber genau das konnten sie nicht, ja, sie versuchten es nicht einmal.
4. Viele Menschen sahen den auferstandenen Jesus mit eigenen Augen. Sie sahen sein Gesicht, berührten ihn, hörten seine Stimme und sahen zu, wie er aß.
5. Das Leben der Jünger Jesu wurde massiv verändert. Als Jesus verhaftet wurde, flohen sie, versteckten sich und leugneten, Jesus überhaupt zu kennen. Nachdem er auferstanden war, verkündeten sie dies

14 Vgl.: Kurt E. DeHaan, http://www.sermonillustrations.com/a-z/r/resurrection.htm

überall furchtlos. Viele bezahlten mit ihrem Leben dafür. Aber auch das konnte sie nicht aufhalten.
6. Die Auferstehung Jesu wurde die zentrale Botschaft der ersten Christen. Trotz massiver Verfolgung ließen sie nicht davon ab.
7. Viele Frauen und Männer heute bezeugen, dass der auferstandene Jesus ihr Leben verändert hat. Sie bezeugen das nicht nur wegen der historischen und biblischen Beweise, sondern weil Jesus ihr Leben auf wunderbare Weise berührt hat.

Wer durch Jesus eine persönliche Beziehung zu Gott bekommen hat, hat unbegrenzte Zukunft.

Innere Leere

Menschen, die einem Lebensentwurf ohne Gott folgen, haben ein Problem mit innerer Leere. Sie kämpfen mit einem schier unstillbaren Hunger.

In den 90er-Jahren des vergangenen Jahrhunderts hat Klaus Schmidt alles, wovon andere nur zu träumen wagen: eine eigene Firma, eine Villa, eine Yacht und einen schnellen Sportwagen. Seinen rasanten Aufstieg hat er einer im wahrsten Sinne des Wortes sprudelnden Idee zu verdanken, dem „Soda-Stream“ – ein Haushaltsgerät zur Herstellung von Sprudelwasser. Aus gesundheitlichen Gründen steigt er aus seiner Firma aus, lässt sich auszahlen und hat plötzlich fünf Millionen Mark in der Tasche.

Doch nach einigen Wochen stellt er fest, dass seinem Leben etwas fehlt. „Ich lag auf meinem Schiff und machte die Beine lang. Und das mit 49", erzählt er im Redaktionsgespräch. „Ein sorgloses Leben mit viel Geld."

Eines Tages geht er aus reiner Neugier in eine Spielbank und findet am Roulettetisch den „Kick" wieder: Aus dem Spiel wird Sucht. Sechs Tage in der Woche sitzt er bis in die Nacht im Kasino. Eines Tages lässt er sich sperren, doch da sind schon zwei Millionen weg. Aber die Mitarbeiter der Spielbank lassen ihn wieder rein, schließlich ist der Soda-Stream-Millionär mit seinen tiefen Taschen ein willkommener Gast. Am Ende macht er sein Schiff, sein Haus und sein Auto „flüssig", um weiter spielen zu können. Er setzt wieder alles aufs Spiel – und verliert. Es ist alles aus. Fünf Millionen sind weg.[15]

Ein Gefühl von Hunger

Es gibt nur wenige Menschen, die einen vergleichbaren Reichtum erleben, wie Klaus Schmidt ihn zur

15 Vgl.: Baden online, https://www.bo.de/lokales/kehl/vom-millionaer-zum-armen-poeten#

Verfügung hatte. Aber die innere Leere, die Klaus Schmidt zu schaffen machte, kennen viele.

Sie gehen durch einen Tag nach dem anderen, erleben unschöne und schöne Dinge. Das Leben zieht an ihnen vorbei, und sie denken, es müsse sie doch satt machen, irgendwie, irgendwann. Aber das funktioniert seltsamerweise nicht. Das Leben zieht vorüber und hinterlässt ein Gefühl von Hunger.

Manchmal ist dieser Hunger kaum spürbar. Vielleicht haben die Menschen einen besonderen beruflichen Erfolg erlebt oder ein lukratives Geschäft abgeschlossen. Vielleicht gehen sie gerade durch eine neue, berauschende Liebe. Vielleicht steht gerade ein nagelneues Auto vor der Tür oder sie haben ein Haus gekauft. Vielleicht haben sie ein neues Buch fertiggestellt oder einen wunderschönen Song geschrieben. Was auch immer es sein mag: Sie strahlen, und ihr Leben füllt sich mit Glück. Die innere Leere und der nagende Hunger sind wie weggewischt. Und sie meinen: Jetzt ist es geschafft!

Aber irgendwann kommt die innere Leere zurück. Und sie begreifen: Mein innerer Hunger war nie wirklich fort. Er war nur überdeckt. Und dann greifen sie nach mehr Leben und mehr Glück und mehr Erfolg und mehr Erfüllung, aber am Ende bleibt immer noch ein Gefühl von Hunger, und sie fragen sich: Woran liegt das? Was mache ich falsch? Warum werde ich nicht satt?

Die Punk-Band „Die Toten Hosen“ bringt es auf den Punkt:

Auch wenn man „immer fett gelebt“ und alles bekommen hat, was man sich wünschte, ist man trotzdem nicht satt geworden. So viel wie nur möglich mitzunehmen, aus allen Abenteuern immer heil rauszukommen, Partys zu crashen, Drogen zu konsumieren und Frauen aufzureißen, füllt die innere Leere nicht. Selbst „tolle Freunde“, die sich um einen kümmern, schaffen das nicht. Und am Ende wartet der Tod. Die Frage „Warum werde ich nicht satt?“ bleibt zeitlebens präsent.[16]

Der Hunger bleibt

Überall gibt es hungrige Leute. Sie hungern nach Liebe, nach Aufmerksamkeit, wollen verstanden, getröstet, angenommen sein. Sie sehnen sich nach jemandem, der ihnen zuhört. Viele finden keinen. Sie hungern nach Geborgenheit, Freiheit, Zukunft, Bestätigung und Anerkennung. Sie hungern nach irgendetwas, für das sie gar keinen Namen haben. Sie hungern und hungern. Und werden immer wieder enttäuscht, und irgendwann bekommen sie einen bitteren, resignierten Zug um die Mundwinkel. Überall ist Hunger. Überall sind Defizite. Und wenn sie sich umsehen, stellen sie fest: Alle laufen damit herum. Und der Hunger bleibt bei allen. Manche be-

16 „Warum werde ich nicht satt?“, https://www.dietotenhosen.de/diskographie/songs/warum-werde-ich-nicht-satt

kämpfen diesen endlosen Hunger, indem sie sich mit Essen vollstopfen oder mit Alkohol oder Kokain. Das führt zu nichts. Und den meisten ist das auch klar. Aber was ist die Alternative? Die allermeisten haben keine. Sie stochern im Nebel. Oder sie stochern noch nicht einmal mehr, weil sie aufgegeben haben.

Menschen, die einem Lebensentwurf ohne Gott folgen, haben ein Problem mit innerer Leere. Sie leiden unter einem Hunger nach irgendetwas, für das sie keine Worte haben.

Warum werden sie nicht satt?

Ein inneres Vakuum

Hier ist die Ursache: Jeder Mensch trägt eine Art von Vakuum, also von leerem Raum, in sich. Erfahrungen des Glücks, des Erfolgs, der Machtausübung oder menschlicher Liebe können dieses Vakuum nicht oder nur für sehr kurze Zeit füllen. Die Leere bleibt.

Für jedes menschliche Bedürfnis gibt es etwas, das dieses Bedürfnis stillt: Durst kann mit Wasser gelöscht werden. Hunger wird mit Nahrung gestillt. Das Bedürfnis nach menschlicher Nähe und Wärme erfüllt sich in Liebe und Freundschaften. Und das Bedürfnis nach Sexualität erfüllt sich in der geschlechtlichen Begegnung. Für jedes natürliche menschliche Bedürfnis gibt es eine natürliche Erfüllung.

Was aber füllt das innere Vakuum? Exakt an dieser Stelle zeigt sich eine Besonderheit des Menschen. Tief in ihm meldet sich ein Hunger, der mit natürlichen Mitteln nicht zu stillen ist. Es ist ein Hunger, der dasteht wie ein Signal. Er signalisiert: „Ich sehne mich nach etwas, das in dieser natürlichen Welt nicht zu finden ist. Ich sehne mich nach etwas, das über diese natürliche Welt weit hinausgeht. Ich, der Mensch, bin so angelegt, dass ich allein mit der natürlichen Welt nicht klarkomme. Die Welt ist nicht genug! Ich sehne mich nach etwas Großem, Gewaltigem, für das ich kein Wort habe."

Ein Schrei nach Gott

Jeder, der es wagt, sich auf einen Lebensentwurf mit Gott einzulassen, findet sehr schnell heraus, dass sein inneres Vakuum ein Schrei nach Gott ist. Nur Gott in Person ist groß genug, um die innere Leere in der Mitte seines Lebens auszufüllen. Wer es wagt, durch Jesus in die persönliche Gemeinschaft mit Gott einzutreten, erlebt, wie sich sein inneres Vakuum füllt. Es füllt sich mit der persönlichen Gegenwart Gottes.

An dieser Stelle begreifen viele zum ersten Mal, dass Menschen dazu da sind, um bewohnt zu werden, und zwar von Gott. Menschen sind unvollständig, solange ihr Leben nicht von Gott bewohnt wird. Erst wenn er in Person in ihr Leben kommt und es ausfüllt, wird der Hunger in ihnen gestillt. Die innere Leere weicht.

Was aber wird aus den anderen Bedürfnissen? Was wird aus dem Bedürfnis nach Glück, Erfolg, menschlicher Liebe, Sexualität und kreativem Schaffen? Sie bleiben und finden ihre Erfüllung. Aber man muss nicht mehr krampfhaft versuchen, mit ihnen das innere Vakuum zu füllen. Denn das hat Gott längst erfüllt.

Eine neue Art von Hunger

Und jetzt geschieht etwas Interessantes: Es stellt sich ein neuer Hunger ein. Ein Hunger nach tieferer, völligerer, umfassenderer und persönlicherer Gemeinschaft mit Gott. Dieser Hunger treibt Menschen an, ihr Leben immer völliger und umfassender auf Gott in Person auszurichten. So treten sie allmählich in immer tiefere und beglückendere Gemeinschaft mit Gott. Ihre innere Leere füllt sich mehr und mehr, und sie begreifen: Das ist es, wonach ich mich immer gesehnt habe!

Verlorene Ideale

Menschen, die einem Lebensentwurf ohne Gott folgen, haben ein Problem mit verlorenen Idealen.

Viele junge Menschen haben klare, hohe Ideale und setzen sich auch konsequent für sie ein. Sie haben oft einen scharfen und klarsichtigen Blick für das, was in der Gesellschaft schon sehr lange sehr falsch läuft. In bekannten Bewegungen wie „Fridays for Future", „Extinction Rebellion", „Ende Gelände", „Climate change is about power", „Last Generation", „PETA" oder „Aktion Tier" sind vorrangig junge Menschen aktiv. Dasselbe gilt für die Hippie- und Anti-Vietnamkrieg-Bewegung in den USA in den 1960er-Jahren.

Es scheint so zu sein, dass im Lebensalter von 15 bis 25 Jahren die Bereitschaft, für Ideale einzustehen, die man für richtig erkannt hat, bemerkenswert hoch ist. Manche gehen dabei so weit, dass sie sogar einen Hungerstreik zur Durchsetzung ihrer Ziele riskieren.[17] Das ist erstaunlich.

Anpassung verlangt

Beunruhigend ist aber, was später geschieht. Es zeigt sich, dass vielen mit zunehmendem Lebensalter ein Durchhalten der als richtig erkannten Ideale immer schwerer fällt. Spätestens mit dem Start ins Berufsleben (manchmal auch schon früher) wird Anpassung von ihnen verlangt. Besonders am Arbeitsplatz, aber auch in der Familie, in Beziehungen und in den sozialen Medien wird Anpassung verlangt. Es entsteht ein erheblicher Konformitätsdruck.

17 https://www.zeit.de/2021/47/klimaaktivisten-hungerstreik-olaf-scholz-klimakrise-treffen

Eine Weile gelingt es vielen, ihren Idealen von einst treu zu bleiben und dem Anpassungsdruck Widerstand entgegenzusetzen. Aber es wird schwieriger. Es zeigt sich: Wer sich dem Mainstream ernsthaft und langfristig widersetzt, zahlt immer einen Preis. Er muss Nachteile im Beruf hinnehmen. Er muss auch damit rechnen, ausgegrenzt, gemieden oder nicht ernst genommen zu werden. Mit anderen Worten: Er leidet.

Je länger das Leiden andauert und je höher der Preis für die nicht geleistete Anpassung ausfällt, umso größer wird die Versuchung, dem Anpassungsdruck nachzugeben und Schritt für Schritt Kompromisse einzugehen.

Ein beunruhigendes Experiment

Em Griffin beschreibt in seinem Buch „The Mindchangers“ ein Experiment von Solomon Asch mit mehreren Gruppen von je zwölf Personen. Sie wurden in einen Raum gebracht, in dem vier Zeilen ungleicher Länge gezeigt wurden. Sie mussten entscheiden, welche zwei gleich lang waren und öffentlich für ihre Wahl stimmen. Insgesamt elf Personen stimmten nacheinander für die falsche Linie, weil sie alle im Voraus entsprechend instruiert wurden. Die Versuchsperson, die nicht eingeweiht war, konnte sich beim besten Willen nicht vorstellen, wie diese vermeintlichen Mitteilnehmer die falsche Linie wählen konnten. Als sie an der Reihe war abzustimmen, musste sie sich entscheiden: Folge ich dem, was mir meine Sinne sagen, oder folge ich der Masse? Ein Drittel der Getesteten aus den verschiedenen Gruppen gab dem Gruppendruck nach. Sie änderten ihre Stimme, um ihren Kollegen zuzustimmen.[18]

Zermürbter Widerstand

Je länger Menschen dem Anpassungsdruck ihrer Umwelt ausgesetzt sind, umso mehr verblassen die Ideale von früher. Es erscheint immer schwieriger und sinnloser, ihnen treu zu bleiben. Die Nachteile, die man in Kauf nehmen muss, durchlöchern und zermürben den inneren Widerstand, bis er irgendwann zusammenbricht. Nur spärliche Restbestände überleben. Kostbare Ideale gehen verloren. Immer fremder wird die weit zurückliegende Zeit, als die Ideale noch klar und maßgebend waren.

Manche sagen jetzt: „So einfach ist das alles nicht. Ich habe mir die Hörner abgestoßen und bin Realist geworden. Meine Sturm-und-Drang-Zeit ist vorbei." Tatsächlich aber wissen sie, dass sie ihre kostbaren Ideale verraten haben.

---

18 Em Griffin, The Mindchangers, Tyndale House, 1976, S. 193ff.

Verratene Ideale

Später, nach dem Eintritt in den Ruhestand, blicken sie zurück, und es bricht eine innere Unruhe in ihnen aus. Sie sehen jetzt schärfer, dass es einen unguten Bruch in ihrem Leben gegeben hat. Sie haben dem Anpassungsdruck nachgegeben und etwas getan, das sie eigentlich niemals tun wollten. Sie waren nicht bereit, den Preis für die Treue zu ihren Idealen zu zahlen. Sie haben Ruhe, Bequemlichkeit, beruflichem Aufstieg und Konsum den Vorzug gegeben. Sie haben genau das getan, was sie als junge Menschen an den Älteren bemängelt haben.

Dafür schämen sie sich schließlich. Aber ihr gelebtes Leben ist unbarmherzig unveränderbar. Sie können nichts mehr rückgängig machen. Das Leben ist ja zu mindestens vier Fünfteln vorüber. Manche werden jetzt zu Zynikern. Sie verachten sich selbst, weil sie ihre Ideale verraten haben. Sie verachten sich selbst, weil sie dem Anpassungsdruck nachgegeben haben. Aber sie können nichts rückgängig machen. Und mit Schrecken sehen sie, dass ihre Kinder im Begriff stehen, denselben unheilvollen Weg einzuschlagen, den auch sie gegangen sind.

Menschen, die einem Lebensentwurf ohne Gott folgen, haben ein Problem mit verlorenen Idealen. In einem Lebensentwurf mit Gott kann das ganz anders laufen. Es muss nicht zum Verlust hoher Ideale kommen.

Wie läuft das ab?

Wer Gott die Tür zu seinem Leben öffnet und eine persönliche Beziehung zu ihm eingeht, beginnt zu lieben, was Gott liebt. Er verabscheut, was Gott verabscheut, und findet schön, was Gott schön findet. Gottes Maßstäbe für Richtig und Falsch, Gut und Böse, Schön und Hässlich werden *seine* Maßstäbe.

Wie sollte das auch anders sein, wenn Gott selbst in seinem Leben wohnt?

Dann geschieht etwas Bemerkenswertes: Sein Gewissen bindet sich im Laufe der Zeit mehr und mehr an Gottes Maßstäbe. Es signalisiert: „Wenn du dem Gott, den du liebst, mit deinem Leben entsprechen willst, dann setze seine Maßstäbe für Richtig und Falsch, Gut und Böse, Schön und Hässlich in deinem Leben um!“

Starke Motivation

Es entsteht eine starke Motivation, die Maßstäbe Gottes im eigenen Leben anzuwenden.

Es ist jetzt etwas Absolutes da: Gott in Person. Man weiß, seine Maßstäbe sind auf jeden Fall wahr und verlässlich. Es entsteht die Sehnsucht, an diesen Maßstäben festzuhalten, auch wenn die Umwelt sie möglicherweise gering achtet oder sogar für falsch hält.

In einem Lebensentwurf ohne Gott hat man nur sich selbst und seine Ideale. In einem Lebensentwurf mit Gott dagegen ist Gott mit im Boot. Man ist darum hoch motiviert, ihm mit dem eigenen Tun zu entsprechen und auch unter gesellschaftlichem Druck an seinen Maßstäben festzuhalten. Das ist eine ganz andere Konstellation. Mit ihr ist es viel leichter, an den Maßstäben für Richtig und Falsch dranzubleiben und sie nicht aufzugeben, auch wenn man unter Druck gerät.

Dazu kommt nun noch etwas anderes: Wenn Gott in Person das Leben eines Menschen erfüllt, ist es völlig natürlich und selbstverständlich, dass seine Kraft in diesem Menschen zu wirken beginnt. Dieser ist dann nicht mehr allein auf seine begrenzten menschlichen Kraftreserven angewiesen. Er wird gerade in Drucksituationen Gottes Bewahrung, Stärkung und Ermutigung erfahren. All dies bewahrt ihn davor, einzuknicken und seine Werte und Maßstäbe zu verraten. Wenn er später irgendwann einmal auf sein Leben zurückblickt, wird er zwar nicht alles richtig gemacht haben. Aber er wird voller Freude und Dankbarkeit wahrnehmen, dass er den Maßstäben Gottes treu geblieben ist. Sie ziehen sich wie ein roter Faden durch sein Leben.

Kein Spaziergang

An dieser Stelle wird nun noch etwas anderes deutlich: Ein Lebensentwurf mit Gott ist kein Spaziergang. Er hat auch Risiken. Eine Gesellschaft, die Gott als Konkurrenten und Bedrohung ihrer Freiheit ansieht und sich von ihm abgrenzt, wird nicht selten ablehnend auf diejenigen reagieren, die einem Lebensentwurf mit Gott folgen. Das ist ein Risiko, das nicht unterschätzt, vor allem aber nicht verschwiegen werden sollte. Es gehört zu einem Lebensentwurf mit Gott dazu.

Andererseits muss niemand, der sich auf eine persönliche Beziehung zu Gott eingelassen hat, diesem Risiko allein standhalten. Er kann sich auf Gottes Bewahrung und Leitung verlassen. Unterstützend kommt hinzu, dass andere, die demselben Lebensentwurf folgen, an seiner Seite stehen.

Das Allerwichtigste aber ist dies: Wer einem Lebensentwurf mit Gott folgt, hat immer Zukunft, egal, wie viele Risiken es gibt und wie sich sein Leben im Detail gestaltet. Ein Lebensentwurf mit Gott füllt das Leben mit Sinn, bewältigt das Schuldproblem, beendet die innere Leere, befähigt dazu, den eigenen Werten und Maßstäben treu zu bleiben und eröffnet dem Menschen eine Zukunft ohne Ende und Begrenzung.

Jeder Mensch entscheidet, welchem Lebensentwurf er folgen will. Jeder kann entscheiden. Es gibt immer eine Wahl.

Eine Frage zum Schluss

Ein Lebensentwurf ohne Gott ist nur scheinbar eine freie, unbeschwerte und unkomplizierte Angelegenheit. Tatsächlich ist es jedoch ein Lebensentwurf, der eine Reihe schwerer Lasten bewegen muss, ohne zu wissen, wohin. So viel ist bisher deutlich geworden: Wer sich auf diesen Lebensentwurf einlässt, ist darum gut beraten, genau zu überlegen, ob er das wirklich will oder ob es nicht besser für ihn wäre, Alternativen zu erforschen. Wer in Fragen des Lebensentwurfs bedenkenlos dem Mainstream folgt, läuft Gefahr, eines Tages ein unangenehmes Erwachen zu erleben.

Welcher Gott?

Die offensichtliche Alternative zu einem Lebensentwurf ohne Gott ist ein Lebensentwurf mit Gott. An dieser Stelle besteht allerdings Klärungsbedarf. Es stellt sich die Frage: Von welchem Gott ist die Rede? Gottesvorstellungen gibt es in Hülle und Fülle. Wie kann da eine begründete Entscheidung getroffen werden? Wie soll man sich entscheiden zwischen den Gottheiten der griechischen Mythologie, dem Allah des Koran, dem Karma des Hinduismus/Buddhismus und dem Gott der Bibel, um nur einige der gängigsten religiösen Angebote zu nennen?

Der Grund, warum meine Entscheidung für den Gott der Bibel gefallen ist, ist dieser: Der Gott der Bibel ist der einzige Gott, der sich in erstaunlicher Weise überprüfbar gemacht hat. Das heißt: Er übermittelt nicht eine religiöse Urkunde, in der er sich vorstellt, um dann zu fordern: „Das musst du eben glauben!" Nein, er macht sich überprüfbar. Das heißt: Er legt es darauf an, so deutliche Spuren in Raum und Zeit zu hinterlassen, dass Menschen an ihnen seinen Charakter und die Facetten seiner Persönlichkeit erkennen und überprüfen können.

Signifikante Spuren

Es ist in der Tat *das* entscheidende Kennzeichen des Gottes der Bibel, dass er nicht nur einfach Aussagen über sich selbst präsentiert (wie es zum Beispiel Allah im Koran tut). Nein, er geht Beziehungen zu einzelnen Menschen ein, handelt in ihrem Leben und hinterlässt dabei signifikante Spuren. Er macht sich überprüfbar!

Die Bibel ist darum nicht nur ein Buch, das Glaubensaussagen über das Wesen Gottes präsentiert. Ihr entscheidendes Kennzeichen ist, dass sie rund 2000 Jahre Geschichte Gottes mit ganz bestimmten Menschen bzw. Menschengruppen schildert. Sie listet dabei eine Fülle von Namen, Daten, Orten und Ereignissen auf, die auf ihre Stichhaltigkeit hin überprüft werden können. Der Gott der Bibel handelt im

Bereich menschlicher Geschichte. Er kommt dem Menschen nahe.

Hier ist ein Beispiel: Die Wochenzeitschrift „Der Spiegel“, die nicht gerade für ihre positive Einstellung zum Glauben an Gott bekannt ist, berichtete vor ein paar Jahren über ein Ereignis, das die Bibel im 2. Buch Mose, Kapitel 14 schriftlich festgehalten hat: den Durchzug des Volkes Israel durch einen Seitenarm des Schilfmeers.

Entscheidung am Schilfmeer

Der Bericht schildert, wie das Volk nach dramatischer Flucht aus dem Land Ägypten an einem Seitenarm des Schilfmeers ankommt, der ihm den Weg versperrt. Das Volk befindet sich in heller Aufregung, wird es doch von Hunderten von Kampfwagen der ägyptischen Armee verfolgt. Der Anführer des Volkes, ein Mann namens Mose, beruhigt die Menschen und kündigt an, dass Gott selbst sie aus der gefährlichen Lage befreien werde. Wenig später setzt ein starker Ostwind ein, der im Laufe der Nacht das Wasser des Schilfmeeres zur Seite drückt. Es entsteht eine breite Furt, durch die das Volk entkommt. Als die Kampfwagen der ägyptischen Armee ebenfalls in die Furt einfahren, kommen sie wegen des Gewichts der Gespanne nur mühsam vorwärts. Wenig später kehren die Wassermassen abrupt zurück und begraben sämtliche Kampfwagen unter sich.

Viele Jahre galt dieser biblische Bericht als völlig unglaubwürdig. Dann jedoch fanden Forscher heraus, dass der biblische Bericht einer wissenschaftlichen Überprüfung durchaus standhält.[19] Der Spiegel bezog sich dabei auf das Fachjournal „PLOS ONE"[20], das nach umfangreichen Untersuchungen zu dem Ergebnis gekommen war, dass „starke Ostwinde in der Region tatsächlich zeitweilig eine breite Furt freilegen"[21] konnten. „„Die Menschen waren von der Geschichte des Exodus immer fasziniert und fragten sich, ob sie auf historischen Fakten beruht', sagt Studienleiter Carl Drews. ‚Die beschriebene Teilung des Wassers basiert tatsächlich auf physikalischen Gesetzen und lässt sich mithilfe der Flüssigkeitsdynamik verstehen.'"[22]

.19 Der Spiegel, 22.09.2010

20 Fachjournal „PLOS ONE", Dynamics of Wind Setdown at Suez and the Eastern Nile Delta, August 30, 2010: „Bei einem gleichmäßigen Ostwind von 28 m/s im rekonstruierten Modellbecken erzeugt das Ozeanmodell einen Bereich mit freigelegtem Watt, wo der Fluss in den See mündet. Diese Landbrücke ist 3-4 km lang und 5 km breit, und sie bleibt 4 Stunden lang offen. Die Modellergebnisse zeigen, dass die Schifffahrt in Flachwasserhäfen bei starkem ablandigem Wind durch Windstillstand erheblich beeinträchtigt werden kann." https://journals.plos.org/plosone/article?id=10.1371/journal.pone.0012481

21 Der Spiegel, 22.09.2010, https://www.spiegel.de/wissenschaft/natur/biblisches-wunder-ostwind-soll-das-meer-geteilt-haben-a-718966.html

22 Der Spiegel, 22.09.2010, https://www.spiegel.de/wissenschaft/natur/biblisches-wunder-ostwind-soll-das-meer-geteilt-haben-a-718966.html

Ein Problem gab es allerdings: Dieses spezielle Wetterphänomen trat nicht regelmäßig auf, sondern konnte Jahre oder Jahrzehnte auf sich warten lassen. Das flüchtende Volk Israel aber hatte keine Zeit, auf das Eintreten dieses Phänomens zu warten. Dass es sich genau rechtzeitig einstellte, ist nur damit zu erklären, dass der Gott der Bibel dieses Wetterphänomen benutzte und dafür sorgte, dass es die Furt zum richtigen Zeitpunkt frei machte.

Es wird deutlich: Der Gott der Bibel handelt wirklich im Bereich menschlicher Geschichte und hinterlässt dabei signifikante Spuren. Er macht sich überprüfbar!

Überprüfbare Zukunftsvorhersagen

Dazu kommt nun ein weiterer Aspekt: Der Gott der Bibel handelt nicht nur in Raum und Zeit, wie zum Beispiel beim Durchzug des Volkes Israel durch einen Seitenarm des Schilfmeers. Er tut auch noch etwas anderes: Er kündigt viele seiner Handlungen an, lange bevor sie tatsächlich stattfinden. Das heißt: Er präsentiert konkrete Zukunftsvorhersagen (sogenannte Prophezeiungen) – insgesamt sind es mehrere Hundert –, deren Eintreffen wiederum überprüft werden kann. Er zeigt sich damit als der souveräne Herr über die Zukunft.

Hier ist ein Beispiel: Zwei Drittel des Landes Israel sind Wüste, und zwar sogenannte „trockene

Wüste". Das heißt, hier fallen im Jahresdurchschnitt weniger als 200 Millimeter Regen. Außerdem verdunstet mehr Wasser durch die Sonne, als Niederschläge in Form von Regen fallen. Es gibt dazu eine Faustregel. Sie lautet: Je größer die Differenz zwischen Niederschlag und Verdunstung in einem Wüstengebiet ist, desto schwieriger ist es für Lebewesen, dort zu existieren.[23]

Es gibt nun in der Bibel eine Reihe von Prophezeiungen[24], die davon berichten, dass die trockene Wüste Israels eines Tages grün und fruchtbar sein wird. Physikalisch und meteorologisch gesehen ist es eigentlich unmöglich, dass eine trockene Wüste grün und fruchtbar werden kann. Im angrenzenden Jordanien sind solche Wüsten seit Jahrhunderten trocken und leer. Trotzdem beharren die Prophezeiungen darauf, dass es in den trockenen Wüsten Israels anders sein wird.

Eine dieser Prophezeiungen findet sich im Buch des Propheten Jesaja 41,17-20. Sie lautet:

> *Die Gebeugten und Bedürftigen suchen Wasser, aber keins ist da. Ihre Zunge vertrocknet vor Durst. Doch ich, Jahwe, erhöre sie. Ich, der Gott Israels, verlasse sie nicht. Aus kahlen Hängen lasse ich Ströme fließen, in öden Tälern Quellen entspringen. Ich mache Wüs-*

23 Dany Walter, Biblische Prophetie, die sich vor unseren Augen erfüllt hat, Sde Warburg, Israel, 2014, S. 56

24 Siehe auch Psalm 107,35-38.

tenland zum Wasserteich, lasse Wasser quellen aus trockenem Grund. Ich werde Zedern in die Wüste setzen, Akazie, Myrte und Olivenbaum. Mitten in die Steppe pflanze ich Platanen, Zypressen und Wacholder, damit sie sehen und erkennen, verstehen und begreifen, dass Jahwe hier eingegriffen hat, dass der heilige Gott Israels das alles erschuf.

Eine kühne Ankündigung

In den Wüsten Israels sollen Quellen und Wasserstellen entstehen. Wasser soll geradezu überströmen. Pflanzen sollen dort wachsen. Sogar Bäume: Zedern, Akazien, Myrten und Oliven zum Beispiel. Die trockene Wüste soll grün werden. Und dann wird auch gleich noch der eigentliche Grund genannt, warum all dies geschehen soll: „… damit man zugleich sehe und erkenne und merke und verstehe: Des Herrn Hand hat dies getan, und der Heilige Israels hat es geschaffen“. Mit anderen Worten: Diese Prophezeiung soll ausdrücklich der Überprüfung dienen. Kommt sie wider alle Wahrscheinlichkeit zur Erfüllung, soll man daran erkennen, dass Gott in Raum und Zeit (in der trockenen Wüste) gehandelt hat.

Hier sind die Aussagen dieser Prophezeiung im Überblick:

1. Es sollen Wasserbäche und Wasserstellen in der Wüste entstehen.
2. Es sollen verschiedene Bäume dort wachsen.
3. Die Wüste soll fruchtbar werden.

Die Ankündigungen dieser Prophezeiung wirken utopisch. Wie soll aus einer extremen Trockenwüste fruchtbares Land werden?

Ben Gurion, der erste Premierminister Israels, hat einmal gesagt: „Wer in Israel nicht an Wunder glaubt, der ist kein Realist!“[25] Und er wusste, wovon er sprach: Da der neue Staat Israel (1948 gegründet) Heimat für alle Juden in der Welt sein sollte, musste Platz geschaffen werden, damit die Rückkehrer auch auf westlichem Niveau leben konnten. Also musste man die Wüste kennen und erforschen. So gründete Ben Gurion mitten in der Wüste Negev ein Forschungsinstitut.[26]

Wasser in der Wüste

Zunächst begann man, nachdem in der saudi-arabischen Wüste Öl gefunden worden war, auch in der

---

25 https://www.evangelisch.de/inhalte/106542/14-10-2011/ben-gurion-ein-realist-der-wunder-glaubte

26 Dany Walter, Biblische Prophetie, die sich vor unseren Augen erfüllt hat, Sde Warburg, Israel, 2014, S. 58

Wüste Negev mit Ölbohrungen. Leider blieben alle Anstrengungen ohne Erfolg. Unter dem heißen, sandigen Boden der Wüste Negev gab es nämlich kein Öl. Allerdings fand man in 1000 Metern Tiefe etwas anderes: ein riesiges Wasserreservoir. Wer nun aber gedacht hatte, dass damit alle Probleme gelöst seien, sah sich getäuscht. Das Wasser unter der Wüste Negev enthielt nämlich viel zu viele Mineralien. Es war ungeeignet für die Landwirtschaft.[27]

Was für eine Enttäuschung!

Dann machte ein findiger Kopf völlig unerwartet eine sensationelle Entdeckung: Das mineralreiche Wasser aus der Tiefe war bestens geeignet zur Fischzucht, und zwar sowohl für Salzwasser- als auch für Süßwasserfische. Und so entstanden mitten in der Wüste große Fischzuchtanlagen, eine nach der anderen. Mitten in der Wüste gab es nun plötzlich Seen voller Fische.[28]

Und damit nicht genug: Zur selben Zeit machten zwei Wasseringenieure, Simcha und Jeschajahu Blass (Vater und Sohn), eine zukunftsweisende Erfindung. Sie fanden heraus, dass man riesige Flächen mit relativ wenig Wasser bewässern kann, wenn man

---

27 Ebd., S. 60

28 http://www.schattenblick.de/infopool/politik/ernaehr/perfi242.html; https://de.wikipedia.org/wiki/Masch%CA%BEabbe_Sade; Dany Walter, Biblische Prophetie, die sich vor unseren Augen erfüllt hat, Sde Warburg, Israel, 2014, S. 63-64.

den Pflanzen das Wasser tröpfchenweise zuführt.[29] Als sie diese Erfindung (die heute übrigens weltweit genutzt wird) in der Wüste Negev ausprobierten, machten sie noch eine überraschende Entdeckung: Wenn man Pflanzen das Wasser nur tröpfchenweise zuführte, waren sie in der Lage, es trotz des hohen Mineralgehalts aufzunehmen. Das lag daran, dass der Mineralgehalt der Pflanzen höher war als in der geringen Wassermenge. Dadurch konnten die Pflanzen das Wasser aufnehmen und wachsen. Gleichzeitig waren die Früchte aus der Wüste wegen ihres hohen Mineralgehalts sehr wohlschmeckend.[30]

Eine erfüllte Zukunftsvorhersage

Und da in dieser Wüste auch im Winter sommerliche Temperaturen herrschen, wuchsen das ganze Jahr über Gemüse, Gewürzpflanzen, Datteln, Oliven und natürlich Obst. 70 Prozent des landwirtschaft-

---

29 Dany Walter, Biblische Prophetie, die sich vor unseren Augen erfüllt hat, Sde Warburg, Israel, 2014, S. 59; https://de.wikibrief.org/wiki/Simcha_Blass

30 Dany Walter, Biblische Prophetie, die sich vor unseren Augen erfüllt hat, Sde Warburg, Israel, 2014, S. 66; FAZ 27.09.2013, https://www.faz.net/aktuell/gesellschaft/landwirtschaft-in-israel-tomaten-aus-der-wueste-12594513.html; https://www.deutschlandfunkkultur.de/landwirtschaft-in-israel-die-wueste-blueht-100.html; https://www.heise.de/tp/features/Israel-Landwirtschaft-im-Trockenklima-4071238.html.

lichen Exports Israels kommen heute aus der Wüste Negev.[31]

Und so wurde die Prophezeiung wahr. Sie erfüllte sich entgegen aller Wahrscheinlichkeit vor aller Augen! Sinnvoll erklären lässt sich ihre Erfüllung nur durch ein Eingreifen Gottes.

Ganz ähnlich verhält es sich mit den Zukunftsvorhersagen, die im Buch des Propheten Jesaja in Kapitel 53 auftauchen. Dort werden der Kreuzestod und die Grablegung des Messias in so verblüffend vielen Details beschrieben, dass man diese Prophezeiung lange Zeit für eine besonders dreiste Fälschung der frühen Christen hielt. Die hätten – so die Vermutung – das 53. Kapitel des Buches Jesaja nach den Ereignissen rund um die Kreuzigung und Grablegung Jesu verfasst und dem Alten Testament nachträglich als vermeintliche Prophetie hinzugefügt, um so zu „beweisen", dass Jesus wirklich der Messias sei.

Als jedoch Anfang der 50-Jahre des vergangenen Jahrhunderts die Schriftrollen von Qumran am Toten Meer entdeckt wurden, fanden sich unter anderem auch zwei Rollen (zwei Abschriften) des Buches Jesaja.

Diese Schriftrollen ließen sich leicht datieren: Die Schriftrolle 1QJesA wurde 200 Jahre vor Jesu Geburt verfasst. Die Schriftrolle 1QJesB wurde 100 Jahre vor Jesu Geburt verfasst. Beide Schriftrollen

31 Dany Walter, Biblische Prophetie, die sich vor unseren Augen erfüllt hat, Sde Warburg, Israel, 2014, S. 66

enthielten den vollständigen Text von Jesaja 53, wie er sich heute in jeder Bibel findet. Christen gab es aber frühestens im ersten Drittel des ersten Jahrhunderts nach Christus.

Damit war bewiesen, dass die Prophezeiung aus Jesaja 53 keine nachträgliche Fälschung sein konnte. Denn beide Abschriften des Buches Jesaja existierten bereits mindestens 100 bzw. 200 Jahre, bevor Jesus überhaupt geboren worden war. Von einer Fälschung konnte also keine Rede sein! Im Gegenteil: Die ausführliche Prophezeiung des Buches Jesaja über den gewaltsamen Tod des Messias erwies sich als echte Prophetie, die sich bis ins kleinste Detail mit erstaunlicher Präzision erfüllt hat.

Es wird deutlich: Der Gott der Bibel handelt im Bereich menschlicher Geschichte und hinterlässt dabei signifikante Spuren. Er kennt die Zukunft und kündigt sie in detaillierten Prophezeiungen an, von denen sich viele bereits erfüllt haben. Der Gott der Bibel macht sich überprüfbar! Er zeigt, wer er ist. Jeder, der dazu bereit ist, kann ihn in seinem Leben kennenlernen.

Der bekannte Autor und Publizist William McDonald schreibt: „Wenn die Glaubwürdigkeit und Genauigkeit der Bibel vor Gericht juristisch geprüft würde und man dazu die Indizien heranzöge, welche die erfüllten Voraussagen der Bibel liefern, dann könnte in dieser Frage kein Zweifel bestehen bleiben. Kein Gericht könnte zu Recht oder mit Vernunft abstreiten: Eine überwältigende Menge verfügbarer aussagekräftiger Indizienbeweise zeigt eindeutig, dass die Bibel übernatürlichen Ursprungs ist.“[32]

32 https://www.soulsaver.de/blog/jesus-erfuellte-viele-prophetien-beweis-fuer-die/

Ausblick

In einer Zeit, in der immer mehr Menschen sich immer schneller von der biblischen Offenbarung emanzipieren, nehmen auch die seelischen Nöte kontinuierlich zu.

Viele Menschen kämpfen mit einer bleiernen Sinnlosigkeit in ihrem Leben und geraten immer tiefer in den Sog eines hoffnungslosen Zynismus. Andere erleben, dass Erfahrungen von Krankheit, Leid und Zerbruch sie aus den gewohnten Bahnen ihres Lebens reißen, und schreien innerlich um Hilfe.

Wieder andere erleben das Scheitern ihrer Ehe oder ihrer Beziehung und bleiben mit schweren seelischen Wunden allein.

Und noch andere erleben schon als Kinder den Zerfall ihrer Familie und gehen mit einer Hypothek aus tiefer Verunsicherung und Pessimismus ins Leben. All diese Menschen sind innerlich auf der Suche nach jemandem, dem sie sich mit ihrer Not anvertrauen können.

Die missionarische Seelsorge setzt genau an diesem Punkt an, bleibt aber nicht bei der Bewältigung menschlicher Not stehen. Sie geht den entscheidenden Schritt weiter und öffnet Menschen die Möglichkeit, Zugang zu Gott, dem Vater Jesu Christi, zu finden, der allein ihr Leben retten und heil machen kann.

Hannover, im August 2023
Der Autor

Rudolf Möckel
Im Gegenwind
Standhalten, wenn es heftig wird/Studien über Nehemia

Eine kurze, aber entscheidende Episode in der Geschichte Israels wird in dem biblischen Buch Nehemia geschildert: der Wiederaufbau der Stadtmauer Jerusalems nach der Rückkehr der Juden aus dem Exil. Zur Schlüsselperson wird dabei Nehemia, der sich gegenüber allen Widrigkeiten als standhaft erweist und dessen Gottvertrauen beispielhaft ist. In seiner erfrischenden Art reflektiert der Autor die Personen und Ereignisse dieses kleinen, aber aufschlussreichen biblischen Buches. Er verknüpft sie mit aktuellen Zeitereignissen und zeigt, wie man für das Leben heute einen Nutzen daraus ziehen kann.

Pb., 336 S., 13,5 x 20,5 cm
Best.-Nr. 271417
ISBN 978-3-86353-417-2

Rudolf Möckel
Anbetung als Lebensstil
Von der Freude und Motivation Gott anzubeten

Man spricht heute in den Gemeinden sehr viel über Anbetung und es gibt Anbetungsgottesdienste, Anbetungszeiten, Anbetungslieder usw. Schnell kann man feststellen, dass es unterschiedliche Ansichten darüber gibt, was wahre Anbetung eigentlich ist und wie man sie im persönlichen Gebet und im Gottesdienst praktizieren sollte. Dies führt nicht selten zu Spannungen, und oft wird versäumt, Aussagen der Bibel zu dieser Frage zu untersuchen, um sich einen Standpunkt zu erarbeiten.

Rudolf Möckel geht in diesem Buch der Frage nach, was biblische Anbetung ist, wie man sie zu einem Lebensstil macht, und wie man ihr im Gottesdienst Ausdruck geben kann.

Tb., 80 S., 11 x 18 cm
Best.-Nr. 271650
ISBN 978-3-86353-650-3

Hartmut Jaeger (Hg.)
Diagnose: Hoffnung
Menschen berichten, wie sie mit Krisen fertiggeworden sind

In diesem hochwertig gestalteten Magazin finden Sie Zeugnisse von Menschen, die Krankheit, Leid und Schmerz durchmachten und dabei Gottes Hilfe und Trost erlebten. Passende Bibelverse und Zitate ergänzen die Texte, und die ansprechende Gestaltung lädt zum Blättern und Weitergeben ein.

Br., 96 S., 19 x 26 cm
Best.-Nr. 271725
ISBN 978-3-86353-725-8